TESTIMONIOS

Guerra entre Simientes, escrito por el Apóstol Rafael Ramírez Martínez, es mucho más que un estudio bíblico: es una llave que abre puertas a niveles de entendimiento poco explorados, desafiando estructuras mentales arraigadas. El autor aborda uno de los temas más controvertidos de las Escrituras: la simiente de la serpiente, ofreciendo una perspectiva profunda que cuestiona las interpretaciones tradicionales del libro de Génesis.

A través de un enfoque revelador, el lector será guiado a revisar sus creencias y abrir el corazón a una nueva dimensión espiritual. El Apóstol Rafael Ramírez, reconocido por su mirada comparativa y reveladora de la Palabra, no busca acomodarse en lo conocido, sino llevar al pueblo de Dios a romper paradigmas religiosos y adentrarse en una comprensión más profunda del plan divino. Este es un libro que despierta, reta y transforma.

Daniel Romero Germán
Pastor, periodista.
Líder del Ministerio Transformando Corazones.

¡Excelente tema, lo recomiendo!

Si logramos entender este principio, tendremos un punto de partida fundamental para que se revele quiénes somos ahora en Cristo, de dónde nos sacó el Señor, dónde nos ha colocado y qué autoridad nos ha dado. Además, comprenderemos que, a través de Cristo, nuestra simiente es la del Padre, tal como nos lo enseña su Palabra.

2 Corintios 5:17 *"De modo que si alguno está en Cristo, nueva criatura es; las cosas viejas pasaron; he aquí todas son hechas nuevas".*

Mis más sinceras felicitaciones al Apóstol Rafael por bendecirnos con sus enseñanzas y por compartir con nosotros la revelación que le ha dado el Padre Celestial.

Erick Colombari
Pastor y profeta

El Apóstol Rafael Ramírez, erudito de este tiempo, nos comparte en estas páginas una revelación profunda y atinada sobre la división entre estirpes y herencia. Una de las partes que más me impactó fueron las interrogantes que el Apóstol plantea al final del libro. Son preguntas verdaderamente profundas, llenas de misterios ocultos, que nos invitan a reflexionar y nos motivan a enamorarnos y apasionarnos aún más por la Palabra.

Todo cristiano debe comprender la diferencia entre las simientes. Esta revelación es única. En lo personal, mi vida ha sido edificada y transformada por ella. Es imposible no reconocer cómo, en términos de revelación profunda y sabiduría, el Apóstol ha dejado claro cómo Dios lo ha usado durante tantos años. Estoy segura de que ha impactado naciones con su mensaje, y este libro no es la excepción.

Te exhorto a que lo leas con fervor y dedicación, pues ha sido un pilar que ha transformado mi vida por completo, edificándola y avivando en mí el deseo de explorar y navegar en las aguas más profundas de las Escrituras. En ellas, hay un vasto caudal de conocimiento aún por descubrir...

Pastora Sarah E. García
Líder del Ministerio y Radio Dios es Fiel.

Guerra entre Simientes

GUERRA ENTRE SIMIENTES

APÓSTOL RAFAEL RAMÍREZ

Copyright © 2025 Apóstol Rafael Ramírez. Todos los derechos reservados.

Queda prohibida la reproducción, almacenamiento o transmisión de cualquier parte de esta publicación en cualquier forma o por cualquier medio sin el permiso expreso de Hola Publishing Internacional.

Las opiniones expresadas en este libro son exclusivamente del autor y no representan necesariamente las políticas o la posición oficial de Hola Publishing Internacional.

En la creación de este texto no se utilizó ninguna forma de inteligencia artificial generativa. El autor prohíbe expresamente el uso de esta obra para entrenar tecnologías de IA con el fin de crear otras obras, incluyendo, pero no limitado a, aquellas capaces de generar contenidos de estilo o género similar.

Hola Publishing Internacional
Eugenio Sue 79, int. 4, Col. Polanco
Miguel Hidalgo, C.P. 11550
Ciudad de México, México

Primera edición, abril 2025
ISBN: 978-1-63765-756-0
Número de control de la Biblioteca del Congreso: 2025904999

Los contenidos de este libro se ofrecen únicamente con fines informativos. Todos los nombres, personajes, negocios, lugares, eventos e incidentes son ficticios. Cualquier semejanza con personas reales, vivas o fallecidas, o con eventos reales, es pura coincidencia.

Hola Publishing Internacional es una editorial híbrida comprometida a ayudar a autores de todo tipo a alcanzar sus metas de publicación, ofreciendo una amplia variedad de servicios. No publicamos contenido que sea política, religiosa o socialmente irrespetuoso, ni material sexualmente explícito. Si estás interesado en publicar un libro, visita www.holapublishing.com para más detalles.

¡ADVERTENCIA!

Este contenido aborda realidades espirituales profundas que pueden desafiar tus creencias y comprensión. Lee con discernimiento, ya que las revelaciones aquí expuestas tienen el potencial de provocar cambios de mentalidad. No tomes a la ligera lo que estás por descubrir.

En parábolas abriré mi boca; hablaré enigmas de la antigüedad, que hemos oído y conocido, y que nuestros padres nos han contado. No lo ocultaremos a sus hijos si no que contaremos a la generación venidera las alabanzas del SEÑOR, su poder y las maravillas que hizo.

Salmos 78:2-4

Prólogo

En este libro quiero compartir con ustedes una reflexión sobre uno de los pasajes más mal entendidos de las Escrituras: la simiente de la serpiente. A lo largo de los años, este tema ha sido interpretado de diferentes maneras, muchas veces de forma superficial o desde un enfoque demasiado literal, sin profundizar en su verdadero significado.

La simiente de la serpiente se ha considerado como una teoría que afirma que la serpiente en el Jardín del Edén se unió con Eva, y que de esa unión nació Caín. Sin embargo, quiero presentarles una perspectiva diferente, más profunda y alineada con lo que realmente dicen las Escrituras, donde la serpiente es vista como un ser maligno, enemigo de Dios y de la humanidad.

Mi deseo es que este libro les ayude a ver este tema con nuevos ojos, y que juntos podamos elevar nuestro espíritu a niveles superiores de conocimiento, con humildad y apertura para aprender y crecer. Espero que lo que aquí comparta les sea de bendición y de edificación en su caminar con Dios.

Que este libro les inspire a buscar más de Dios, a estudiar su Palabra con más pasión y a permitir que su revelación transforme sus vidas, hasta perfeccionarlos conforme a las Sagradas Escrituras.

***Proverbios* 25:2 RVR1960** *"Es la gloria de Dios ocultar una cosa, pero el honor de los reyes es investigar un asunto."*

ÍNDICE

Testimonios	3
¡Advertencia!	11
Prólogo	15
Capítulo 1 El Jardín y su Árbol prohibido	19
Capítulo 2 La semilla que dividió	43
Capítulo 3 Diferentes simientes entre diferentes personajes de la Biblia	65
Hablemos de Sem	69
Hablemos de Esaú	75
Hablemos de Jacob	79
Cualidades de Jacob	81
Capítulo 4 Interrogantes	87

Epílogo	105
Anotaciones	109
Notas Bibliográficas	113
Agradecimientos	117

Capítulo 1
El Jardín y su Árbol prohibido

Tengo la plena noción de que este tema puede estremecer profundamente tus pensamientos, y soy consciente de que las enseñanzas heredadas a lo largo del tiempo pueden resultar perturbadoras. Pero, con la ayuda de Dios, saldremos adelante.

Sinceramente, no estamos ante un tema para digerir de manera superficial, como si estuviéramos hablando de algo para bebés, que todavía necesitan ser alimentados con biberón por su madre. Este es un tema que exige preparación, un protocolo adecuado y un enfoque que no debe tomarse a la ligera, porque lo que tenemos ante nosotros es alimento sólido, digno de los reyes, que requiere de una alta capacidad de comprensión.

El libro de Génesis, conocido en hebreo como *Bereshit* (que significa "En el principio" o "Por causa del Principal"), nos presenta una historia que muchas personas toman de forma literal. En ella aparece la famosa serpiente, cuyo nombre etimológico proviene del hebreo *NAJASH*, que significa "víbora". Esta historia, tradicionalmente rodeada por la figura de una manzana —un fruto que nunca existió en la narrativa original— muestra cómo Eva la comió primero, y luego Adán hizo lo mismo. Sin embargo, el sistema tradicional de enseñanza bíblica nunca nos reveló el misterio oculto detrás de este relato. Un misterio que solo será revelado a aquellos comprometidos con la verdad, esa que nos hace libres de toda manipulación.

Quiero establecer un principio básico desde el inicio que debes comprender: **la educación elimina la manipulación**. Bajo este principio fundamental, abordaremos este tema tan controversial. El relato de Génesis nos habla de un antes y un después de lo que ocurrió con el famoso "fruto". Nos dice que el ser humano, creado a imagen y semejanza de Dios, fue expulsado del Jardín del Edén. ¿Todo esto por un simple fruto? Claro, a medida que te adentras en la lectura, comienzas a percatarte de que algo no encaja, y la sospecha crece: ¿Acaso esta historia es mucho más profunda de lo que se nos ha contado?

Al leer el Nuevo Testamento o *Pacto Renovado* (en hebreo *Brid Hadasha*), te encuentras con que Jesús y sus apóstoles hacen referencia al primer libro de la Biblia de manera bastante peculiar. Por ejemplo, en la primera carta de Juan, capítulo 3, verso 12, se menciona que Caín era del Maligno, lo que lo llevó a matar a su hermano. Ahora, te pregunto: ¿Por qué lo mató?.. Y Jesús, por otro lado, se refiere a aquellos que negociaban en el templo como una "generación de serpientes" y a los fariseos con un tono igualmente fuerte. ¿Te dice esto algo?

Es imposible no hacer una conexión con la parábola del trigo y la cizaña, en la que existen dos corrientes que cohabitan, pero con una genética distinta, completamente separada de la nuestra. En este punto, no puedes evitar ser movido a reconsiderar tus creencias previas, y este es precisamente el objetivo: llegar al Génesis con una perspectiva diferente, mucho más profunda.

No es simplemente una historia de preescolar adornada con dibujos llamativos y sin lógica. Es mucho más que eso. La madurez te exige no solo conocer, sino comprender profundamente, y este relato no es diferente.

En 1 Corintios 13:11, Pablo dice: *"Cuando era niño, hablaba, pensaba y razonaba como niño; pero cuando crecí, dejé atrás las cosas de niño".* Y es que crecimos con historias que nos parecían simples, como la de la cigüeña. Pero el despertar llega cuando, al madurar, te das cuenta de que esas historias no eran más que una analogía de lo que verdaderamente ocurre.

Este es un manjar de reyes, pero necesitas estar preparado para recibirlo adecuadamente. En este punto, la historia de la manzana se convierte en algo más que un símbolo, es el acto de inmoralidad sexual, el árbol del conocimiento del 'bien y del mal', que ahora es revelado en su verdadero contexto. La historia de Adán y Eva no solo apunta a una transgresión moral, sino a un misterio mucho más grande, que involucra el transhumanismo y las fuerzas de corrupción que han influido en la humanidad desde el principio.

Sé que este concepto puede parecerte difícil de aceptar, pero te invito a no quedarte atrapado en las limitaciones del conocimiento tradicional. Jesús habló de "misterios escondidos desde la fundación del mundo". Y al hablar de la parábola del trigo y la cizaña, nos muestra lo que realmente está ocurriendo en los sistemas que rigen el mundo actual. No dejes que el enemigo te mantenga cautivo en un pensamiento religioso que no te permita avanzar. La ignorancia es el gran enemigo de la revelación, y solo a través del conocimiento verdadero podemos romper las cadenas.

Este no es un tema para aquellos que se conforman con lo superficial. Este es un llamado a profundizar, a cuestionar lo que te han enseñado, a explorar lo que está más allá de lo evidente. Te invito a despertar, a reconsiderar todo lo que creías saber y a prepararte para recibir lo que verdaderamente tiene el poder de transformar tu vida y tu entendimiento de las Escrituras.

El relato de Génesis no solo habla de una transgresión, sino de una confrontación de naturaleza cósmica, de un choque entre dos simientes: una, pura y fiel a su creación, y otra, corrompida por la serpiente. La historia de Caín y Abel, que sigue inmediatamente después, es testigo de esta misma confrontación. ¿Alguna vez te has detenido a pensar por qué Caín, a pesar de ser hijo de Adán, no forma parte del árbol genealógico de su progenitor? Jesús mismo señala que la simiente de Caín proviene del maligno. ¿Te parece esto una contradicción con lo que tradicionalmente se ha enseñado?

Parece ser que, en el fondo, esta historia habla de algo mucho más grande que el simple pecado de comer un fruto prohibido. Es la introducción de un sistema de creencias, una manera de vivir que distorsiona la realidad de lo que realmente significa ser humano. ¿Qué significa realmente "ser creado a imagen y semejanza de Dios"? Y, más importante aún, ¿qué significa haber sido separados del Jardín del Edén? No estamos hablando simplemente de una expulsión física, sino de una separación espiritual, una desconexión profunda con nuestra verdadera naturaleza.

Ahora bien, volvamos al principio, al Génesis 1:26, donde Dios dice: "Hagamos al hombre a nuestra imagen, conforme a nuestra semejanza". Pero, ¿realmente sabemos lo que eso implica? ¿Sabemos lo que significa ser hechos a su imagen, no solo en el aspecto físico, sino en el sentido más profundo, en nuestra capacidad de tomar decisiones morales, en nuestro potencial para el bien o para el mal? Es aquí donde entra la simiente del conocimiento del bien y del mal. La habilidad de discernir, la capacidad de decidir, el poder de elegir, esa es la verdadera esencia de lo que se perdió en el jardín.

Y entonces, en Génesis 4:1, cuando Adán "conoció" a Eva y ella dio a luz a Caín, nos enfrentamos a otra paradoja. ¿De verdad es Adán el progenitor de Caín, como se nos ha enseñado? Si seguimos las palabras de Jesús, que habla de Caín como de "la simiente del maligno", es inevitable preguntarnos: ¿Qué pasó realmente en el huerto? Este no es un simple cuento infantil ni un mito primitivo, es un relato de una verdad profunda que nos desafía a reconsiderar todo lo que creíamos saber.

Aquí es donde la educación juega un papel crucial. Cuando decimos que la educación elimina la manipulación, estamos haciendo referencia a un principio básico: el conocimiento verdadero libera, mientras que el falso conocimiento esclaviza. Por eso, este es un alimento sólido, que exige una mente despierta, una disposición a cuestionar, a buscar la verdad más allá de lo evidente. No estamos tratando con fábulas, estamos frente a un misterio celestial que fue oculto desde la fundación del mundo, y es nuestro deber, como seres espirituales, desvelarlo.

Al llegar a este punto, quizás te encuentres con una fuerte resistencia interna. Tus creencias previas, adquiridas desde pequeño, entrarán en conflicto con esta nueva perspectiva. Pero este es el momento del despertar. Jesús mismo nos dijo: "Declararé misterios escondidos desde la fundación del mundo". Lo que está oculto no es para que permanezca en las sombras; es para que, al comprenderlo, podamos ver la realidad tal cual es, sin las distorsiones impuestas por el sistema.

Te invito a volver al Génesis, a leer nuevamente desde el capítulo 2 hasta el 4, y ver con ojos nuevos lo que está ocurriendo en torno al árbol del conocimiento **del bien y del mal**. No es solo un acto de desobediencia, es una introducción al poder de la elección, al conocimiento de lo divino y lo profano. Y te aseguro que, al hacerlo, comenzarás a ver cómo la justicia de Dios se aplica en este contexto.

Es imperativo que te liberes de la estructura heredada, de la interpretación romana de las Escrituras que ha moldeado tu comprensión desde la infancia. Es hora de destruir los paradigmas y cuestionar lo que nos han enseñado. Este no es un llamado a la rebelión, sino a la verdadera revelación. No permitas que la ignorancia te siga cautivando. El enemigo quiere que sigas atrapado en un pensamiento religioso que no te permite avanzar en tu conocimiento espiritual.

Este es un llamado a la transformación. Un llamado a tomar lo que es nuestro por derecho: el entendimiento de los misterios celestes. Y para eso, debemos comenzar por lo más básico: entender el origen de todas las cosas. La palabra *Bereshit*, en su profundo sentido, nos conecta con el verdadero origen de nuestro ser, con la simiente divina que fue sembrada en nosotros desde el principio. Somos mucho más que lo que el sistema nos ha enseñado a creer.

Te estoy invitando a cuestionar, a despertar y a abrazar una nueva perspectiva. Este despertar, aunque difícil, es esencial para poder comprender lo que está sucediendo en el mundo y, más importante aún, en tu vida. Este es un llamado a ir más allá de las limitaciones del pensamiento tradicional y adentrarnos en el misterio profundo de la revelación divina.

Es claro que la historia tiene un relato metafórico, pero, dadas las reglas de interpretación gramatical, podemos intuir lo que quiere decir la comparación en este caso. Realmente, lo que sucedió fue que Eva fue persuadida por la serpiente de manera sexual, y su interacción dio como resultado el nacimiento de Caín. Posteriormente, Adán se une a la operación contraria a la voluntad de Dios, y es allí donde podría iniciarse la primera depravación sexual registrada en la Escritura.

Algunos eruditos mencionan esta interpretación, lo cual me llama mucho la atención. Estos sabios argumentan que lo que sucedió fue una fecundación múltiple, también conocida como heteroparentalidad. Pero, ¿cómo es posible esto?

Según varios estudios científicos, es posible que varios óvulos sean fecundados por medio de dos interacciones sexuales distintas en diferentes momentos. También puede suceder que, en el mismo período de ovulación, la mujer libere dos óvulos, lo que puede dar lugar a este fenómeno. Un caso particular es el de James Harrison en 2009. Mía Washington y su esposo tuvieron mellizos, pero con el tiempo, Mía notó que uno de sus hijos tenía rasgos diferentes. Al realizar un examen de paternidad, descubrió que uno de los niños no era de su esposo James, pues el día en que quedó embarazada, también había tenido relaciones con otro hombre. La noticia fue reportada por FOX, y, a pesar de la infidelidad, James perdonó a Mía y aceptó al niño como su hijo.

Muchas personas coinciden con la interpretación literal de Génesis. Esta forma de comprensión literaria en hebreo se conoce como *Peshat* (literal), pero adherirse únicamente a esta interpretación puede llevarnos a lugares de tinieblas, donde no se alcanza a ver la amplitud de los misterios del reino de los cielos.

Por lo tanto, hermanos, si seguimos interpretando de manera literal el relato del árbol en el Edén, donde supuestamente habitaba una serpiente con patas, de la misma manera, deberíamos entender que cuando Jesús dijo que Él era el pan de vida, literalmente estaría diciendo que era un pedazo de harina cocida. Esto, sinceramente, sería ridículo.

Creo firmemente que, en este punto, deberías reconocer que tu conocimiento fue previamente distorsionado. Es necesario tener una mente abierta para comprender que no se trata de un árbol que de repente te otorga un conocimiento extraordinario solo por comer su fruto. Eso sería absurdo e incoherente.

Quizás no sepamos con exactitud cuánto tiempo vivieron los hermanos Caín y Abel, ni la distancia temporal entre los partos de Eva. Tal vez no sepamos si nacieron como mellizos o si nacieron en tiempos diferentes. Pero la historia, a través de la misericordia de nuestro Padre Celestial, nos da la oportunidad de recibir una revelación a través de nuestro ministerio, como parte de la conformación del cuerpo de Cristo.

Ten cuidado al decir: "Si no está en la Biblia, no ocurrió" o "No es importante". Esto puede llevarte a un serio error. Personalmente, creo que existe un paralelismo entre el misterio oculto y el misterio revelado al mismo tiempo.

El capítulo 4 de Génesis no es lo suficientemente claro como para confirmar que Adán es el padre de Caín, y esto tiene que ver con la genealogía. ¿Cómo es esto?

Es común que la Biblia sea clara y explícita cuando se trata de una genealogía. Un ejemplo es: "Abraham engendró a Isaac, Isaac engendró a Jacob, y Jacob a Judá." Si repasamos el verso de Génesis 4:1, observamos que Adán no es mencionado de manera directa. El texto dice que Eva "dio a luz a Caín", usando el pronombre "la cual", lo que implica que el énfasis está en Eva y no en Adán. Esta diferencia gramatical cambia el sentido semántico del texto, lo que podría indicar algo diferente a lo que usualmente pensamos.

Este uso de "la cual" también se aplica en la genealogía de Jesús:

> *"Jacob engendró a José, el marido de María, de la cual nació Jesús."*

Si analizamos este texto, podemos ver que, de acuerdo con la misma lógica, Adán podría no ser el padre directo de Caín. Esto requiere una elevación del espíritu para comprender la dimensión de lo que estoy diciendo, pero es precisamente eso lo que intento lograr con este libro: elevar tu espíritu a una nueva dimensión de gloria.

Volvamos a la gramática del texto. Para que Adán fuese el padre de Caín, el verso debería haberse escrito de otra manera. Un ejemplo sería: "Conoció Adán a su mujer Eva, del cual dio a luz a Caín." Pero no es así. En lugar de eso, el verso utiliza el pronombre "la cual", refiriéndose directamente a Eva y desestimando a Adán.

Esta distinción gramatical no es un error, sino una clave oculta que el autor del Génesis nos presenta, abriéndonos la puerta a una revelación más profunda sobre los misterios ocultos.

Por último, observemos la forma correcta de usar los pronombres en las genealogías:

- "El cual" para José.
- "La cual" para María.
- "Los cuales" para ambos.

En el caso de Abraham, el texto es claro: "Abraham engendró a Isaac, Isaac engendró a Jacob." Pero no sucede lo mismo en el caso de Caín. El texto no es tan claro, y por esta razón, necesitamos recurrir a otros versos relacionados para esclarecer el tema principal.

Este enfoque hermenéutico nos permite comprender los misterios de la Escritura con más profundidad. Si seguimos interpretando con un enfoque limitado, corremos el riesgo de perder la amplitud del conocimiento revelado.

Génesis 4:1-2 RVR1960 "CONOCIÓ Adán a su mujer Eva, LA CUAL concibió y dio a luz a Caín, y dijo: POR VOLUNTAD DE DIOS HE ADQUIRIDO VARÓN. 2 Después dio a luz a su hermano Abel."

Génesis 4:25 RVR1960 "Y CONOCIÓ de nuevo Adán a su mujer… y llamó su nombre SET."

Si observamos estos versículos con atención y aplicamos una comprensión lectora precisa, notaremos algo intrigante: el texto menciona tres hijos de Eva, pero solo describe dos encuentros sexuales con Adán. Esta discrepancia nos invita a reflexionar sobre lo que realmente está sucediendo.

En el hebreo original, el verbo "conoció" se entiende como un acto sexual. Esto nos lleva a concluir que, según la gramática y el contexto, el texto debiera haber dicho: "Y CONOCIÓ OTRA VEZ ADÁN A SU MUJER Y DIO A LUZ." Espero que puedas comprender este ejemplo gramatical.

Estos versículos son fundamentales para entender que, en el contexto de Génesis, las cosas podrían no haber sucedido como tradicionalmente nos han enseñado. La estructura gramatical deja abierta una puerta a interpretaciones más profundas, que sugieren que las relaciones entre Adán, Eva, Caín y Abel no son tan simples como parece.

En cuanto a la genealogía, el redactor del texto no aclara si Caín y Abel fueron gemelos, lo que deja espacio para una interpretación distinta. Al estudiar la genealogía de Caín, podemos ver que hay indicios de que Caín podría no haber sido hijo de Adán, sino un hijo adulterino o espurio.

Es significativo que, cuando Abel y Set nacen, Eva no expresa agradecimiento a Dios, mientras que cuando nace Caín, ella lo hace diciendo: "Por voluntad de Dios he adquirido varón". Este detalle es crucial, porque no refleja gratitud, sino más bien una imprudencia. La razón detrás de este agradecimiento es un misterio que abordaremos más adelante.

Aunque el pasaje no es suficientemente explícito para afirmar de manera definitiva que Adán no sea el padre de Caín, tampoco lo afirma directamente. Si eres consciente de que la Escritura no ofrece una respuesta clara a este enigma, entonces estás un paso más cerca de comprender la profundidad del mensaje.

Para resolver estos misterios, podemos recurrir a fuentes como el **Targum** y la **Torah**, las cuales proporcionan interpretaciones adicionales. En **Nehemías 8:8**, leemos que "leían en el libro de la ley de Dios claramente, y ponían el sentido, de modo que entendiesen la lectura." Esto nos muestra la importancia de interpretar las escrituras con comprensión.

Un ejemplo relevante se encuentra en el **Targum Pseudo-Jonathan** sobre Génesis 4:1, que dice:

"Y Adán conoció a Eva su esposa, quien fue preñada por el ángel Samael, y ella concibió y dio a luz a Caín; y él fue como los seres celestiales y no como los terrenales, y ella dijo: He adquirido un hombre con el ángel del Señor."

Este texto sugiere que Caín podría haber sido concebido de una manera que no corresponde a la unión tradicional entre Adán y Eva, sino que estuvo involucrado el ángel Samael, lo que añade una capa de complejidad al relato.

Esta interpretación, aunque no aceptada por todos, ofrece una visión distinta sobre el origen de Caín.

En la tradición rabínica, los **Pirke de Rabí Eliezer** nos enseñan que el árbol de la ciencia no debe ser interpretado de forma literal. Según **Deuteronomio 20:19**, "el hombre es como un árbol del campo", y en el contexto de Génesis, el árbol no se refiere al jardín del Edén en su forma literal, sino que se trata de una metáfora. El "jardín" es comparado con la mujer, como se menciona en el Cantar de los Cantares 4:12, "Eres un huerto cerrado, hermana y esposa mía."

De acuerdo con esta interpretación, la relación de Eva con la serpiente (representada por Samael) puede haber sido la causa de la concepción de Caín, mientras que Abel fue el fruto de la unión entre Adán y Eva. Este enfoque es respaldado por el Targum, que sugiere que Eva no solo concibió por medio de Adán, sino también por una influencia externa, posiblemente sobrenatural.

El concepto de "Sicofante" (deltor en hebreo), que significa el que acusa o informa falsamente, es interesante porque se puede asociar con la serpiente, que engañó a Eva y la indujo a la transgresión, lo que da lugar a la concepción de Caín. Este simbolismo apunta a que Caín no es simplemente un hijo de Adán y Eva, sino que tiene una naturaleza distinta, una especie de descendencia que está relacionada con una acción fuera de lo común.

Estas teorías periféricas, que derivan de la doctrina inicial que estamos explorando, buscan expandir nuestro entendimiento sobre los eventos narrados en Génesis y ayudarnos a ver que la interpretación tradicional puede no ser la única forma de entender las Escrituras. Es importante que, como lectores y estudiosos de la Biblia, estemos dispuestos a ampliar nuestra perspectiva y profundizar en las interpretaciones que nos permitan descubrir más sobre los misterios divinos.

"Entonces la serpiente, delatando a su creador, dijo a la mujer: 'No moriréis, sino que todo artesano odia a los de su oficio; ha sido revelado ante Elohim que, el día en que comáis del árbol, se iluminarán vuestros ojos y seréis como ángeles poderosos, sabiendo distinguir el bien del mal'".

Para el Targum de Jonathan, la serpiente es Samael, el ángel de la muerte, de quien Eva concibió a Caín: "Y vio la mujer a Samael, el ángel de la muerte, y temió, y comprendió que el árbol era bueno para comer y medicina para los ojos".

"Y Adán supo que Eva, su mujer, había concebido del ángel Samael y quedó encinta, pariendo a Caín, quien se parecía a los seres celestiales y no a los terrenales. Y ella dijo: 'He adquirido un varón, el ángel de Yahweh'".

Adán vivió ciento treinta años y engendró a Set, quien era semejante a su imagen y apariencia. Antes de esto, Eva dio a luz a Caín, que no era de Adán ni se le parecía. Abel fue asesinado por Caín.

Cabe destacar la similitud entre estas teorías y el texto poético de la Cueva 1 de Qumran, que también la sostiene:

"… Y la que está encinta del hombre está angustiada en sus dolores. Porque de los bordes de la muerte da a luz un varón, y surge de los dolores del Sheol, del 'horno' de la preñada, un admirable consejero con su fuerza, y el hombre es librado del útero.

En la que está encinta de él se precipitan todas las convulsiones y los dolores desgarrantes en su nacimiento; el espanto se apodera de las parturientas, y en su nacimiento vienen a una todos los dolores al 'horno' de la preñada. Y la que está preñada de la serpiente está con un dolor desgarrante; y los bordes de la fosa están con todas las obras del espanto.

Con su tumulto se abren el [Sheol y el Abadón]; las flechas de la fosa hacen oír su voz al irse hacia el abismo; se abren las puertas de las obras de la serpiente. Y se cierran las puertas de la fosa sobre la que está encinta de la impiedad, y los cerrojos eternos sobre todos los espíritus de la serpiente".

Por otro lado, tenemos la postura de JALKUT SHIM'ONI, que alude a los 130 años de intermedio entre la creación y la relación de Adán y Eva, en la que ambos sostuvieron relaciones con los demonios, y de esta unión nacieron otros demonios.

Génesis 5:3: *"Tenía Adán ciento treinta años cuando engendró un hijo a su semejanza, según su imagen, a quien puso por nombre* Set".

Por su parte, Génesis 4:25 dice: "Adán volvió a tener relaciones con su mujer, que dio a luz un hijo, al que puso por nombre Set, diciendo: 'Dios me ha otorgado otro descendiente en lugar de Abel, porque lo mató Caín'".

Cita Génesis Rabbah:

Otra interpretación: "Éstos eran descendientes, pero los primeros no eran descendientes. ¿Qué eran, entonces? Demonios. Pues dijo R. Simón: Durante los ciento treinta años en que Adán estuvo sin unirse a Eva, los espíritus masculinos ardían de pasión por ella, y ella daba a luz; mientras que los espíritus femeninos se unían ardientemente a Adán y alumbraban, pues está escrito: 'Si se pervierten, los castigaré con vara de hombres y con los castigos de los hijos de los hombres' (2 Samuel 7:14), refiriéndose a los hijos del primer hombre […]. Otra interpretación: Éstos eran descendientes de Adán, pero los primeros no fueron descendientes. ¿Por qué? Porque fueron aniquilados por las aguas del diluvio, pues bien dijo R. Yehosúa ben Leví: Todos estos nombres significan castigo. 'IRAD': los echaré ('ordan') del mundo; 'MEHUYA'EL': los barreré ('mohan') del mundo; 'METUSHA'EL': los raeré ('matišan') del mundo. ¿Y qué haré con Lamec y sus descendientes?…"

En esta teoría se sostiene que Adán y Eva tuvieron relaciones después de 130 años. Es decir, que durante este tiempo hubo múltiples adulterios, y solo Set fue el resultado de la unión legítima. Caín y Abel serían, entonces, el resultado del mencionado adulterio.

La *Vida de Adán y Eva* o *Apocalipsis de Moisés* dice: "Esta es la historia de Adán y Eva. Después de salir del paraíso, Adán tomó a Eva, su mujer, y subió hacia Oriente. Permaneció allí dieciocho años y dos meses. Eva concibió y dio a luz dos hijos: Iluminado, llamado Caín, y Amilabés, llamado Abel". También en *Bereshit Rabbah*: "Y volvió a dar a luz, [esta vez] a su hermano Abel (Génesis 4:2). Esto confirma lo que dijo R. Yehosúa ben Qorjah: 'Subieron al lecho dos y bajaron siete', pues 'Y volvió a dar a luz' implica un nacimiento adicional y no un embarazo adicional".

Por otro lado, para abordar este tema es necesario considerar tanto las bases judaicas como las cristianas, que nos arrojan luz sobre estas posturas y corrientes.

El apóstol Juan designa a Caín como propiedad del maligno:

1 Juan 3:12: "No como Caín, que, al ser del Maligno, mató a su hermano. Y ¿por qué lo mató? Porque sus obras eran malas, mientras que las de su hermano eran justas".

Juan 8:44: "Vosotros sois hijos de vuestro padre el diablo. Este fue homicida desde el principio".

Policarpo también aborda esta tendencia y la sostiene: "Porque todo el que no confesare que Jesucristo ha venido en carne, es un anticristo, y el que no confesare el testimonio de la cruz, procede del diablo, y el que torciere las sentencias del Señor en interés de sus propias concupiscencias, ese tal es primogénito de Satanás".

Es conocida la anécdota que trae San Ireneo en *Adversus Haereses* III, 4, 3, acerca de que Policarpo se dirigió a Marción llamándolo "primogénito de Satanás". El Epílogo al *Martyrium Policarpii* la relata en estos términos: "Ireneo cuenta, además, este caso: 'Como una vez se encontrara con Policarpo Marción, cabeza de los llamados marcionitas, y le dijera: 'Reconócenos, Policarpo', éste le contestó: 'Sí, te reconozco, te reconozco, que eres el primogénito de Satanás'".

En este caso, la vinculación de Marción con Caín se establece en que la teología marcionita rechaza las instituciones aceptadas de la justicia de Dios, llegando a atribuir al demiurgo el momento del juicio y negando la resurrección. De hecho, según el Targum Neofiti a **Génesis 4:8**, Caín dice: *"No hay justicia, no hay juez, no hay ningún otro mundo; no hay ningún don de la buena recompensa para los justos, y no hay reclamo para los malvados"*.

En la correlación establecida por Policarpo, en su rol de continuador de la teología joánica, entre Caín y Marción, subyace una interpretación de índole sexual, compartida tanto por las tradiciones judías como por los círculos gnósticos cristianos. Esta perspectiva se alinea con las prácticas encratitas, cuya propagación comenzó a manifestarse en el siglo I d. C. Los exponentes de la Gran Iglesia supieron distinguir las dos dimensiones del matrimonio, la carnal y la espiritual, y reaccionaron ante aquellos que lo vilipendiaban. Las Escrituras ya preveían la irrupción de individuos que intentarían proscribir la unión entre hombre y mujer. En este contexto, Ireneo identifica entre dichos detractores al gnóstico Saturnino, oriundo de Antioquía y discípulo de Menandro.

"Añade que casarse y dar vida serían obras inventadas por Satanás". El alejandrino conoció también el simbolismo del Árbol de la Vida:

Dice el profeta: 'Árbol de la vida es el deseo cumplido' (Proverbios 13:2), para enseñarnos que los seres humanos, por el alma, son los frutos del árbol. El sabio hombre es fruto del árbol y según su fructificación se da la calificación que lo honra. 'Dulce y amargo es el corazón en esta vida', según la Escritura".

Por lo tanto, el principio subyacente a los razonamientos de Caín está relacionado con la corrupción de la humanidad, particularmente en la forma en que la sexualidad y el pecado se entrelazan para generar una descendencia en un ámbito espiritual incorrecto, el cual se refleja en la genealogía de Caín.

Para los encratitas, el Árbol de la Vida simbolizaba la mujer, mientras que la Gnosis, o Ciencia del bien y del mal, representaba la unión de la mujer por parte del varón. Comer del fruto de ese árbol significó para Adán conocer a Eva. La estirpe de la simiente de la serpiente es auténtica, y son ellos quienes dirigen y conducen el mundo a su favor a través de la realeza, presidentes y sistemas bancarios creados adrede.

En el vientre de Eva se gestó el dimorfismo debido a la SUPERFECUNDACIÓN HETEROPATERNAL, en la que el esperma de Adán y el del Ángel compartieron la misma matriz. Algunos sabios afirman que esto fue una alegoría que el símbolo YIN YANG plagió. Se cree que en este proceso se libró una batalla, en la que el vientre de Eva fue utilizado como un experimento genético, alternando el bien con el mal en un mismo espacio temporal. Esto podría explicar por qué Eva agradece a Dios por no reprimir su embarazo. Póngase en los zapatos de Eva: ¿a qué madre le gustaría que le mataran a un hijo, independientemente de su condición?

La expresión "Por voluntad de Elohim he adquirido un varón" no cuadra bien, especialmente porque, previamente, Dios les había dado la orden de multiplicarse y poblar la Tierra.

Génesis 1:28 (RVR1960) dice: *"Y los bendijo Dios, y les dijo: Sed fecundos y multiplicaos, y llenad la Tierra y sojuzgadla".*

Entonces, la pregunta correcta aquí es la siguiente: ¿por qué Eva agradece el nacimiento de Caín si esto era más bien una ordenanza divina? Esto no tiene ningún sentido lógico. De hecho, cuando nacen Abel y Set, Eva no expresa ningún agradecimiento, y cuando Set nace, Eva dice: "Me ha sustituido otro hijo en lugar de Abel". ¿Pero qué ocurrió aquí? ¿Por qué Abel necesitaría ser sustituido sí, para este momento, aún existe un hijo llamado Caín? No sé si puedes ver que aquí algo no cuadra. Según la Torá, y hasta el día de hoy es así, si tienes un hermano mayor y este fallece, el hermano menor se convierte automáticamente en el heredero del primero.

Paralizar la fecundación de Caín implicaba poner en peligro el embrión de Abel. Esta es una de las razones por las cuales el vientre de Eva quedó contaminado para siempre, afectando a todas sus generaciones.

Es sabido que somos seres de luz, o al menos los entendidos lo sabemos, pero de alguna forma compartimos una porción pequeña de maldad, que Pablo denomina como "el pecado que vive en mí". Hasta que no comprendas de dónde caíste, y las implicaciones del plano terrenal, es casi imposible llegar a la verdad completa a través de la restitución del pacto, la cual se cumplió el día que Jesús entregó su vida en el madero.

Una frase del Guasón, el personaje creado por Bill Finger, Bob Kane y Jerry Robinson en 1940, dice: "¡Solo hace falta un mal día para sumir al hombre más cuerdo del mundo en la locura! Así de lejos está el mundo de donde estoy yo, a sólo un mal día".

La Nagash (Serpiente) puso en marcha su táctica de astucia, y para que esto sucediera, era crucial el proceso de Fecundación Heteropaternal. Con esto, la serpiente logró mutar la especie humana y transgredir el principio fundamental: la comunión con Dios.

Es a partir de aquí que debemos reconducir nuestra teoría sobre la biología del Génesis. Todo queda contaminado, y la mujer sería afectada cada ciclo lunar con la menstruación, que se convierte en el método impuesto por Dios para que ella limpiara su útero. La serpiente logró usurpar el vientre de Eva, alterando el orden de la creación hasta el tiempo de la restauración de todas las cosas.

Capítulo 2
La semilla que dividió

Documentos antiquísimos de origen hebreo consolidan el hecho de que Lucifer codiciaba a Eva. Quizás puedas recordar aquella famosa crónica mítica donde un dragón está enloquecido por una princesa. Esta historia, aparentemente fantástica, está relacionada con el mismo relato del Edén, ya que hubo un antecedente de cercanía entre ellos que, eventualmente, los llevó al caos.

Es interesante cómo Dios introduce un adagio sobre la antipatía. En otros términos, la sentencia no estaba directamente relacionada con el fruto en sí, sino con la transgresión misma, en el contexto de un vínculo que, curiosamente, también puede interpretarse como afecto, amor, inclinación o cariño.

Hoy en día, decir que la serpiente y Eva tuvieron un idilio, y que de esa unión nació Caín, parece una de las ideas más descabelladas, especialmente porque vivimos bajo un régimen religioso altamente legalista. Muchas iglesias han sido atrapadas en una religiosidad que, a la postre, ha sido impuesta por la misma simiente de la serpiente.

Es válido que te preguntes: ¿qué tiene que ver la enemistad con comerse un simple fruto? Veámoslo de esta forma: Eva come del fruto e inmediatamente Dios declara enemistad entre ella y la serpiente. ¿De verdad esto te parece lógico? Como mencioné antes, creer esto es como creer que un ave plumífera trae a los bebés.

Debes entender que el lenguaje utilizado en este relato es metafórico. La relación entre Eva y Samael (la serpiente) debe interpretarse más allá de lo literal. Caín se convierte en la estirpe de sangre fría de la cual descienden muchos linajes reales hasta el día de hoy.

Génesis 3:15 (Biblia Jubileo 2000) dice: "*…y enemistad pondré entre ti y la mujer, y entre tu simiente y su simiente.*"

El contexto de este verso, a mi parecer, es bastante claro y clave para su entendimiento. Es aquí donde la religiosidad sufre una debacle moral, pues su argumento se basa en: "si no crees lo que te enseño, estás errado".

Nosotros proponemos una visión distinta a la jerga religiosa, pues aportamos evidencia que invita a pensar los misterios de las Escrituras desde su sentido literal y original. Para ello, recurrimos a un recurso valioso: el idioma hebreo.

Aclaro que no soy un experto en hebreo, pero poseo el razonamiento suficiente para usar esta herramienta con sinceridad.

Según LogosKLogos, en hebreo la palabra "simiente" es *Zera*, que significa: semilla, generación, linaje, semen, descendencia o hijo.

Recurrir al hebreo para constatar la Palabra de Dios es una actitud propia de un varón esforzado y valiente. Esta definición confirma mi postura y no deja espacio a interpretaciones vacías o carentes de lógica.

Las semillas contienen un código de acuerdo con su género. Nadie esperaría que sembrando una semilla de chayote se cosechen limones ácidos.

Otra traducción de "simiente" es *sementis*, del latín, y según el Diccionario de la Real Academia Española, también se refiere a semilla o semen.

En cualquier especie, según su género, podríamos trazar un historial hasta llegar a la primera fruta cortada, por difícil que esto parezca.

La genealogía, por definición, es la ciencia que estudia la descendencia familiar. Si analizamos su etimología, vemos que proviene del griego: *Genos*, que significa nacimiento o descendencia, y *Logos*, que significa ciencia. Por tanto, la genealogía es el estudio de la descendencia a partir de un antepasado, comprendida en un sentido más amplio como una conexión por lazos sanguíneos.

En términos simples, la expresión "simiente–semilla" se relaciona con el código genético que distingue los géneros entre sí, y este se transmite a través del apareamiento.

Hoy veo a muchas personas preocupadas por los eventos de los tiempos finales, interesadas en descifrar los misterios del libro de Revelaciones. Pero estas mismas personas nunca se han detenido a entender el principio de todas las cosas: el Génesis.

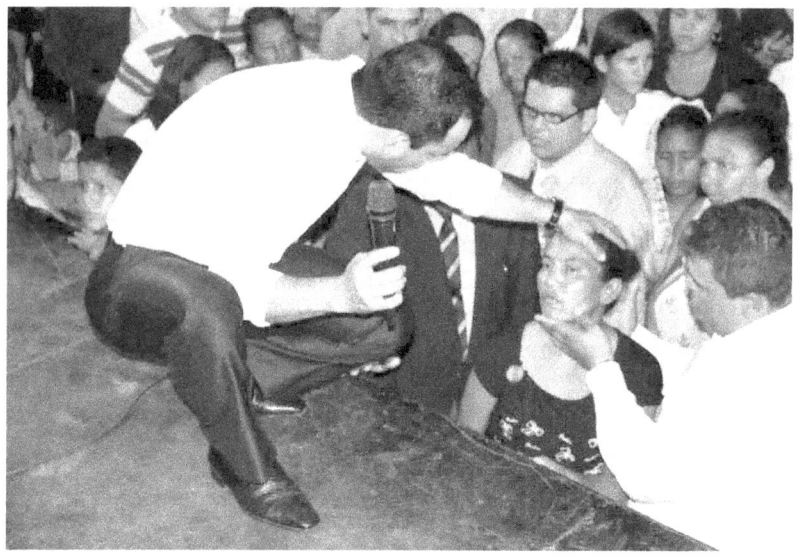

Contemplar la biodiversidad de la naturaleza desde la cima de una de las montañas en mis fincas del sur de Costa Rica me permitió entender, de forma más profunda, los métodos de reproducción. Esto me llevó a una rápida reflexión sobre cómo funciona la reproducción tanto en el reino animal como en el vegetal.

Es de suprema importancia que, en estos tiempos, eleves tu espíritu a lugares altos. Esto significa que deberás hacer un esfuerzo adicional para conocer los misterios ocultos en las Escrituras. Cuando elevas tu espíritu, trasciendes a otro plano. Es como si tuvieras acceso a una dimensión donde se gestan los pensamientos del Dios viviente.

Jeremías 33:3 (RVR1960) dice: *"Clama a mí, y yo te responderé y te revelaré cosas grandes e inaccesibles que tú no conoces."*

Hoy en día, los seminarios bíblicos están destruyendo el pensamiento libre con sus métodos de enseñanza, que forman alumnos sin capacidad de razonamiento propio. Y perdóname por usar palabras tan duras, pero no puedo dejar pasar esta verdad tan trágica que nos está costando la vida espiritual.

No es un secreto que desde las altas esferas se nos distrae con enseñanzas superficiales y se nos seduce con artimañas, imponiendo modelos de pensamiento erróneos. Tal vez esto se deba a que muchos líderes de organizaciones religiosas mundiales pertenecen a estas estirpes modificadas desde el principio… y hasta el día de hoy.

Te doy un ejemplo básico: la Biblia Scofield confunde a muchos líderes al imponer un pie de página por encima del texto fundamental. Con esto, logran diluir el pensamiento, programando una mentalidad distinta a la natural.

Una frase que siempre me ha calado profundamente y me ha llevado a meditar sobre las estructuras piramidales de enseñanza es: **"Una mentira se vuelve una verdad cuando es repetida por muchos años."** Te invito a digerir esta frase con calma antes de seguir leyendo...

Génesis 1:24 (RVR1960): *Luego dijo Dios: Produzca la Tierra seres vivientes según su género, bestias y serpientes y animales de la Tierra según su especie. Y fue así.*

En hebreo, la palabra **"Zera"** significa simiente, y simiente se refiere a linaje. Este término aplica a **seres vivientes**. No resulta ético ni lógico pensar que una serpiente pudiera tener una "descendencia espiritual", siendo que ella es un ser físico, con una interacción también física. De la misma manera, Jesús fue físico, como tú y yo lo somos. La **biología estudia el funcionamiento de los seres vivos**, y si alguien no comprende los principios básicos de la física y la química, sinceramente, no debería ir por ahí dando cátedra sobre espiritualidad. Te pido que cedas espacio a quienes sí hemos investigado y hemos sustentado con base firme y razonada la información que presentamos.

Génesis 5:1-4 (RVR1960): *Este es el libro de las generaciones de Adán. El día que creó Dios al hombre, a semejanza de Dios lo hizo. Varón y hembra los creó; y los bendijo, y los llamó Adán el día en que fueron creados. Y vivió Adán ciento treinta años, y engendró un hijo a su semejanza, conforme a su imagen,* *y llamó su nombre Set. Y fueron los días de Adán, después que engendró a Set, ochocientos años, y engendró hijos e hijas.*

Espero que aún estés conmigo, siguiendo esta narrativa que quizás te resulte distinta a lo que has escuchado toda la vida. Digo "has escuchado" en pasado, porque lo que estás leyendo aquí puede marcar un **antes y un después** en tu vida.

Observa con atención: en el contexto genealógico, las líneas de descendencia aparecen **divididas**. ¿No te parece llamativo? La Escritura **distingue notablemente** la descendencia de Adán, y coloca a Caín **fuera** de ese linaje. ¿No sería esto razón suficiente para replantear los fundamentos que nos han enseñado generación tras generación?

Querido lector, por favor, **atiende este contexto** con apertura de corazón. El principio de la educación sincera es muy valioso para mí, por eso me tomo el tiempo para explicarte con detalle lo que este pasaje realmente sugiere, más allá de lo que se ha predicado por siglos.

Si Caín hubiese sido realmente hijo de Adán, el relato de **Génesis** lo incluiría dentro de la genealogía. Pero no está. La **ausencia de Caín** en la descendencia de Adán no es un descuido. Es una señal clara de que algo más profundo está siendo revelado.

Sé que este argumento puede parecer fuerte. No es fácil poner en pausa tu forma de pensar y dejar que el Espíritu de Dios sacuda conceptos ambiguos para dar paso al conocimiento verdadero. Pero permíteme recordarte una frase clave: **"La educación elimina la manipulación."**

Continuemos reforzando este argumento con más evidencia. **Judas** menciona que Enoc fue el **séptimo** desde Adán. Veamos el orden genealógico:

1. Adán
2. Set
3. Enós
4. Cainán
5. Mahalaleel
6. Jared
7. Enoc

Esta misma genealogía aparece en **Lucas**, no es una invención:

Lucas 3:37-38 (RVR1960): ...*hijo de Matusalén, hijo de Enoc (7), hijo de Jared (6), hijo de Mahalaleel (5), hijo de Cainán (4), hijo de Enós (3), hijo de Set (2), hijo de Adán (1), hijo de Dios.*

¿No te parece llamativo que Caín no figure en esta genealogía? Si realmente fuese hijo de Adán, Enoc habría sido el **octavo**, no el séptimo. Pero no es así. **Ni el autor de Génesis ni Judas se equivocaron.**

Puede que te estés preguntando por qué **Abel tampoco aparece** en la línea genealógica de Adán. La respuesta es sencilla: Abel fue asesinado por Caín. Por eso, Set vino a ocupar su lugar.

Génesis 4:25 (RVR1960): *"Y conoció Adán otra vez a su mujer; y ella dio a luz un hijo, y llamó su nombre Set, porque, dijo ella: Dios me ha sustituido otro hijo en lugar de Abel, a quien mató Caín."*

Esto nos da a entender que **Set y Abel eran realmente hermanos**, y que Caín era un **bastardo**, alguien nacido fuera del diseño original.

Ahora vayamos a **1 Juan 3:12 (RVR1960):** *"No como Caín, que era del maligno y mató a su hermano. ¿Y por qué causa le mató? Porque sus obras eran malas, y las de su hermano justas."*

Este pasaje **no deja espacio a dudas.** Juan afirma que **Caín era del maligno**, lo que implica que no pudo ser hijo de Adán, quien fue creado a imagen de Dios.

Dios no creó nada malo. Si Caín hubiera sido hijo de Adán, su naturaleza no habría sido corrupta desde el inicio.

Cuando se dice que Caín era "hijo del maligno", esto hace referencia a una **simiente de maldad** que fue sembrada en él, y esa simiente solo pudo haber venido de **Satanás**, padre de la falsedad.

Antes de continuar, quiero hacer un paréntesis para **explicar brevemente las ofrendas** que Caín y Abel presentaron ante Dios. Esta parte también puede aportar más luz al tema que estamos abordando.

Leamos juntos lo que nos enseña **Génesis 4:3-15:**

"3 Y aconteció andando el tiempo, que Caín trajo del fruto de la tierra una ofrenda a Jehová.

4 Y Abel trajo también de los primogénitos de sus ovejas, de lo más gordo de ellas. Y miró Jehová con agrado a Abel y a su ofrenda;

5 pero no miró con agrado a Caín y a la ofrenda suya. Y se ensañó Caín en gran manera, y decayó su semblante.

6 Entonces Jehová dijo a Caín: ¿Por qué te has ensañado, y por qué ha decaído tu semblante?

7 Si bien hicieres, ¿no serás enaltecido? y si no hicieres bien, el pecado está a la puerta; con todo esto, a ti será su deseo, y tú te enseñorearás de él.

8 Y dijo Caín a su hermano Abel: Salgamos al campo. Y aconteció que estando ellos en el campo, Caín se levantó contra su hermano Abel, y lo mató.

9 Y Jehová dijo a Caín: ¿Dónde está Abel tu hermano? Y él respondió: No sé. ¿Soy yo acaso guarda de mi hermano?

10 Y él le dijo: ¿Qué has hecho? La voz de la sangre de tu hermano clama a mí desde la tierra.

11 Ahora, pues, maldito seas tú de la tierra, que abrió su boca para recibir de tu mano la sangre de tu hermano.

12 Cuando labres la tierra, no te volverá a dar su fuerza; errante y extranjero serás en la tierra.

13 Y dijo Caín a Jehová: Grande es mi castigo para ser soportado.

14 He aquí me echas hoy de la tierra, y de tu presencia me esconderé, y seré errante y extranjero en la tierra; y sucederá que cualquiera que me hallare, me matará."

El contexto de lo que estás por descubrir requiere la referencia de al menos tres libros más, entre ellos **Éxodo**, **Levítico** y el desarrollo de la **cultura del antiguo Cercano Oriente**, donde conceptos como honor y vergüenza, justicia y bondad, caos y orden, convenios y espacios sagrados, son fundamentales para comprender lo que aquí se está planteando.

En resumen, lo que quiero destacar es lo siguiente: **las ofrendas presentadas por Caín y Abel no fueron aleatorias ni superficiales**, sino que respondían a un entendimiento profundo de lo que cada uno representaba espiritualmente. Lamentablemente, muy pocos prestan atención a la raíz de estas acciones, cuando en realidad son claves para discernir su simiente.

Entiéndase esto como un breve resumen de lo que implican las ofrendas ofrecidas por ambos. Para una comprensión más profunda, sería necesario estudiar cuidadosamente el propósito y la función de las ofrendas en el Tabernáculo o en el Templo.

Ahora bien, con los argumentos sólidos que aporta este análisis, podemos afirmar que **la ofrenda que pre-**

sentó **Abel era una ofrenda de paz.** Su objetivo era pedir el perdón por la transgresión de sus padres y procurar el restablecimiento del convenio sagrado que ellos quebraron al profanar el espacio del Edén.

Levítico nos enseña que esta ofrenda de paz se llama *Olá*, que en hebreo significa "elevación". Es decir, Abel no solo traía un animal, sino que presentaba una súplica: **"Yo, Abel, en calidad de tu siervo, me presento delante de ti, mi Señor, con esta ofrenda de paz. Te pido que perdones la transgresión de mis padres, quebrantes el caos que provocaron y restaures el orden, colocando tu trono nuevamente en medio de la tierra."**

Mientras tanto, Caín revela la esencia de su simiente al traer una ofrenda sin valor espiritual, una *ofrenda vacía*. No solo su contenido era deficiente, sino que su intención era deshonesta. Trajo migajas al que no era su Señor. Es como si Caín hubiera intentado **engañar a Dios** con una fachada de religiosidad. Pero más allá de eso, su verdadera "ofrenda" fue la sangre de su hermano.

Sí, lo estás leyendo bien: **la verdadera ofrenda que Caín presentó fue la vida de Abel**, ofrecida a su verdadero señor: el padre de la mentira. Si, como dice 1 Juan 3:12, Caín era "del maligno", entonces **su culto también estaba dirigido al maligno**, y la muerte de Abel fue el sacrificio con el que selló su devoción.

Es impactante, lo sé. Pero no soy el primero en decirlo, y posiblemente no seré el último. A lo largo de la historia, textos muy antiguos y hasta escritos del ocultismo han reconocido que lo que ocurrió entre Caín y Abel fue más que un simple conflicto entre hermanos: fue un acto de culto, una ofrenda espiritual con implicaciones profundas.

Volvamos ahora al hilo principal de esta reflexión.

Observa cómo se expresa Jesús en **Mateo 23:33**:

"¡Serpientes, generación de víboras! ¿Cómo escaparéis de la condenación del infierno?"

Muchos interpretan estas palabras como una reacción de enojo o un insulto hacia los líderes religiosos de su tiempo, pero lo que Jesús está haciendo aquí **no es simplemente un reproche emocional**. Al llamarles "generación de víboras", está revelando la identidad espiritual de estos hombres. Está reconociendo que provienen de una simiente corrupta, disfrazada, infiltrada en lo más sagrado del templo.

Judas 1:6-7 (LBLA)

"Y a los ángeles que no conservaron su señorío original, sino que abandonaron su morada legítima, los ha guardado en prisiones eternas, bajo tinieblas para el juicio del gran día. Así también Sodoma y Gomorra, y las ciudades vecinas, las cuales, de la misma manera que ellos, habiéndose dado a la fornicación e ido en pos de carne extraña, fueron puestas por ejemplo, sufriendo el castigo del fuego eterno."

La Escritura es clara: **desde el principio hemos coexistido con seres que profanaron el diseño original.** Esa "carne extraña" de la que habla Judas son los **ángeles caídos** y sus descendientes. Son hijos bastardos, dependientes de la serpiente y claramente parte de la línea de Caín.

Siempre me pregunté por qué el libro de Josué está lleno de guerras y sangre. A simple vista, esto podría parecer incompatible con un Dios justo y misericordioso. Pero cuando entendemos que **Canaán descendía de una simiente corrupta**, todo empieza a cobrar sentido.

"¡Maldita será la tierra y maldito seas, Canaán!"

No fue una maldición al azar.

Jesús reveló este misterio a través de parábolas. Como bien lo enseñan las Escrituras, la palabra de Dios está compuesta de parábolas (comparaciones espirituales), y solo a los discípulos les es dado conocer lo oculto desde la fundación del mundo.

¿Recuerdas esta parábola?

Mateo 13:24-30

"El Reino de los cielos es semejante a un hombre que sembró buena semilla en su campo… pero mientras dormían los hombres, vino su enemigo y sembró cizaña entre el trigo…".

Esta parábola enseña que el trigo representa a los hijos de Dios, mientras que la cizaña representa a los hijos del maligno. Jesús fue claro: **"un enemigo ha hecho esto"**. Por eso no debemos arrancar la cizaña antes de tiempo: ambos crecerán juntos hasta el día de la siega.

Una vez más, la Escritura utiliza la imagen del árbol y sus frutos. Un árbol malo no puede dar buenos frutos. Es así de sencillo. La batalla entre el bien y el mal, que comenzó en Génesis, está llegando a su culminación.

Judas 1:22-23

"A algunos que dudan, convencedlos. A otros salvad, arrebatándolos del fuego; y de otros tened misericordia con temor, aborreciendo aun la ropa contaminada por su carne."

El cielo espera la **manifestación de los hijos de luz**, y esta se dará por sus frutos.

"Por sus frutos los conoceréis", dijo el Maestro.

Y aquí te comparto una revelación celestial: **El fruto no es otra cosa que la semejanza de un ser humano con Dios.**

La palabra "semejanza" viene del hebreo *"selem"*, que significa **sombra** o **reflejo**.

Así que el fruto es la manifestación visible de la semejanza divina. Es la evidencia de que fuimos hechos a su imagen, para reflejar su gloria en la tierra.

¡Gloria al que vive por los siglos de los siglos!

Lamento profundamente tener que comunicarte que no solo las grandes cadenas cinematográficas del mundo están mostrando escenas en las que seres humanos se transforman en animales o consumen almas a través de la sangre.

No, de ninguna manera. Esto va mucho más allá.

Lo cierto es que grandes consorcios como **Hollywood** cuentan con guionistas y asesores que manipulan información sagrada, incluyendo textos bíblicos, para construir tramas que parecen ficción, pero que encierran verdades espirituales profundamente distorsionadas.

Sí, así como lo estás leyendo.

Hasta cierto punto, me causa cierta pena tener que ser yo quien confronte algunas enseñanzas erradas que has recibido por generaciones. Pero lo asumo con responsabilidad, porque sé que tengo la tarea de ser **una vara de instrucción para este tiempo específico**.

Vivimos en una época en la que los rituales con sacrificios humanos y animales ya no están tan ocultos como antes. Miles de personas desaparecen cada día. Las cifras de secuestros aumentan. Muchos de nuestros seres queridos son víctimas de esta cruda realidad.

Pero, personalmente, lo que más me preocupa es que **el sistema de este mundo nos ha enseñado a ver esto como algo "normal"**, sin hablar del misterio espiritual que encierra.

Señoras y señores: **La simiente de Caín ha estado operando desde el principio de los tiempos**.

El investigador Fritz Springmeier afirma en uno de sus libros que las castas más poderosas del mundo actual registran una genealogía cuya raíz proviene directamente de la civilización cananea.

Y esto no es teoría de conspiración vacía. Es una pista espiritual y bíblica que no podemos ignorar.

En 2023, se volvió viral una noticia impactante relacionada con un lugar ubicado a unos 130 kilómetros al este de San Francisco, en Monte Rio, California, EE. UU.

Se trata del **Bohemian Grove**, una sociedad secreta con al menos 2500 miembros. Aunque la información es hermética, se ha filtrado que han pasado por allí expresidentes como Herbert Hoover, Ronald Reagan y Richard Nixon, además de escritores, actores y empresarios influyentes.

Con el lema "Las arañas tejedoras no vienen aquí", este evento anual dura unas dos semanas e incluye representaciones teatrales, rituales, abundante bebida y prácticas peculiares al aire libre.

En el año 2000, el activista Alex Jones logró infiltrarse y grabar uno de sus rituales: la **quema de una efigie**. El material derivó en un documental cargado de acusaciones graves sobre complots y sacrificios humanos.

Por su parte, **Cathy O'Brien**, una ex esclava de los Illuminati, relata en su libro que muchas víctimas de avanzada edad eran asesinadas ritualmente en las zonas montañosas de ese mismo lugar.

En el centro del Bohemian Grove se encuentra una gigantesca estatua de un **búho de piedra de 12 metros**, símbolo del culto a **Moloc**, una deidad cananita a la que se ofrecían niños en sacrificio. En muchos de estos rituales, los cuerpos de las víctimas eran incluso consumidos.

De allí se deriva la temible palabra **"caníbal"**, una conjunción entre **"Canaán" y "Baal"**.

Este es el origen de muchos de los llamados **"mensajes subliminales"** que vemos a diario. La élite actúa como una hermandad psicopática, con una mentalidad perversa que no se molesta en ocultar sus obras.

La mejor manera de ocultar algo es exhibirlo a la vista de todos.

¿Ejemplos?

- La pirámide con el ojo de Horus en el billete del dólar.
- Las múltiples referencias al 11-S en películas anteriores al atentado, como una especie de programación predictiva.
- Videos musicales y películas cargadas de simbolismo oculto, con mensajes que penetran en el subconsciente.

Todo esto responde al perfil espiritual de quienes los producen: seres que, en palabras simbólicas, **tienen sangre fría como las serpientes**.

En el **Libro de Nod**, considerado por corrientes ocultistas como la "biblia" de los vampiros, se describe a Caín como el **primer vampiro de la historia**.

Aunque esta fuente es de corte satanista, resulta relevante a la luz de lo que estamos hablando: **la simiente de la serpiente**.

El propio Jesús confrontó este linaje en los líderes religiosos de su época:

Mateo 3:7

"Y viendo él muchos de los fariseos y de los saduceos, que venían a su bautismo, les decía: '¡Generación de víboras! ¿Quién os enseñó a huir de la ira venidera?'"

Antes de que me señales como fanático, hereje o conspiranoico, te invito a reflexionar con seriedad.

Analiza tanto las evidencias bíblicas como las señales del mundo que nos rodea. Porque todo apunta a la misma verdad: **estamos conviviendo con una especie genéticamente distinta, una semilla ajena al diseño de Dios, un linaje corrupto que busca dominar y degradar la humanidad.**

Muy pronto, las puertas de la percepción serán abiertas, y descubrirás que los seres celestiales mencionados en las Escrituras no son exactamente lo que te han contado. Comprenderás entonces por qué, en la arqueología sumeria, egipcia, maya e incluso en la proa de los antiguos barcos vikingos, **la figura de la serpiente ocupaba un lugar fundamental.**

No te pido que creas ciegamente en esto, ni pretendo convencerte. Pero sí te exhorto a no reducir todo lo que está escrito en la Biblia al mero plano espiritual. Hay misterios que claman por ser discernidos también en el plano literal, histórico y profético.

Juan 3:12 (RVR1960) *"Si os he dicho cosas terrenales, y no creéis, ¿cómo creeréis si os dijere las celestiales?"*

¿Cómo se manifiesta la enemistad entre las dos simientes?

Ejemplos bíblicos para discernir entre la simiente de la serpiente y la simiente del Eterno Elohim.

En esta sección, mi intención es **despertar tu curiosidad**, invitarte a observar con otros ojos las narrativas bíblicas, y ayudarte a establecer **una distinción clara entre los descendientes espirituales del adversario y los que pertenecen al linaje santo del Altísimo**.

Verás que desde Génesis hasta Apocalipsis, la tensión entre estas dos simientes se revela a través de personajes, decisiones, acciones y frutos.

La clave está en **reconocer el patrón**, discernir la naturaleza espiritual de cada figura y comprender cómo esta enemistad ha sido constante, aunque muchas veces velada a simple vista.

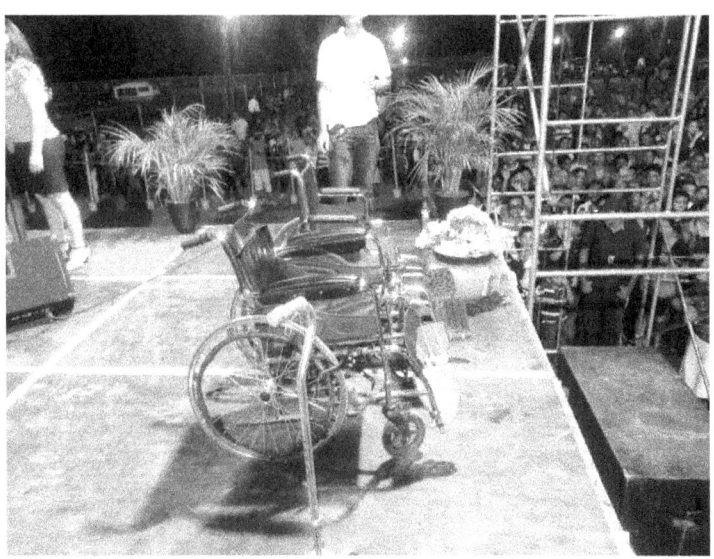

Capítulo 3

Diferentes simientes entre diferentes personajes de la Biblia

Génesis 4:1-5 RVR1960 Conoció Adán a su mujer Eva, la cual concibió y dio a luz a Caín, y dijo: Por voluntad de Jehová he adquirido varón. Después dio a luz a su hermano Abel. Y Abel fue pastor de ovejas, y Caín fue labrador de la tierra. Y aconteció andando el tiempo, que Caín trajo del fruto de la tierra una ofrenda a Jehová. Y Abel trajo también de los primogénitos de sus ovejas, de lo más gordo de ellas. Y miró Jehová con agrado a Abel y a su ofrenda; pero no miró con agrado a Caín y a la ofrenda suya. Y se ensañó Caín en gran manera, y decayó su semblante.

¿Y si Caín y Abel no solo fueran personajes históricos, sino arquetipos vivos que hoy habitan dentro de nosotros? La diferencia entre estas simientes es notable. Caín fue el primer varón nacido de Eva, y al dar a luz, ella expresó: "Por voluntad de Jehová he adquirido varón". Es interesante analizar este contexto, ya que sus palabras resultan llamativas. Sin embargo, al observar la descendencia de Caín y su conducta, podemos notar una relación con lo mencionado en Génesis 3.

Caín presentó a Jehová una ofrenda del fruto de la tierra, mientras que Abel ofreció lo mejor de sus ovejas. Jehová miró con agrado a Abel y su ofrenda, pero no a la de Caín. Esto revela que Dios no solo ve lo que damos, sino desde qué simiente nace nuestra acción.

GÉNESIS 4:4…Y miró Jehová con agrado a Abel y su ofrenda; pero no miró con agrado a Caín y a la ofrenda suya…

Proverbios 21:2 RVR1960 *Todo camino del hombre es recto en su propia opinión; Pero Jehová pesa los corazones.*

Jehová examina la simiente en el corazón. La intención del corazón de Abel reveló cuál era la simiente correcta. Por eso, el primer fruto de Abel fue el amor. Amó a Dios más que a todas las cosas y por eso dio lo mejor. El amor verdadero no escatima. Cuando la simiente es la correcta, las acciones lo dejan claro.

Pongamos un ejemplo: tu padre cumple años y decides hacerle un regalo. ¿Qué es lo primero que piensas? ¿Lo haces desde el amor o desde la obligación? Cuando te toque ser padre, ¿qué esperas que tus hijos hagan contigo? Lo que eliges dar revela más de ti que del otro. Estás sembrando lo que vas a cosechar.

Mateo 22:39 RVR1960 *Y el segundo es semejante: Amarás a tu prójimo como a ti mismo.*

Gálatas 6:7 RVR1960 *No os engañéis; Dios no puede ser burlado: pues todo lo que el hombre sembrare, eso también segará.*

Cam y Sem

Génesis 9:22 RVR1960 Y Cam, padre de Canaán, vio la desnudez de su padre, y lo dijo a sus dos hermanos que estaban afuera. Entonces Sem y Jafet tomaron la ropa, y la pusieron sobre sus propios hombros, y andando hacia atrás, cubrieron la desnudez de su padre, teniendo vueltos sus rostros, y así no vieron la desnudez de su padre.

La actitud de Cam revela su simiente. Vio la desnudez de su padre y salió a divulgarla. Mientras tanto, Sem actuó con respeto y honra, cubriendo a su padre sin siquiera mirar.

Desde el principio, la desnudez en las Escrituras se vincula con la desobediencia. Por eso, quien observa el pecado de su prójimo para exponerlo está manifestando una simiente corrupta. Quien cubre con amor y honra, manifiesta la simiente correcta.

Noé, al ver la actitud de Cam, proclamó maldición sobre él, y bendición sobre Sem. Esto nos enseña que cuando una persona ungida está entre nosotros, debemos honrarla y cuidarla.

2 Reyes 4:8-10 RVR1960 La sunamita preparó un aposento para Eliseo, reconociendo que era varón santo de Dios.

Lucas 8:1-3 RVR1960 Mujeres como María Magdalena, Juana y Susana servían a Jesús con sus bienes.

Hoy también vemos creyentes que, al enterarse de una debilidad de un hermano, un mentor o un padre espiritual, corren a divulgarlo en lugar de cubrirlo en oración. Eso no es simiente de la mujer, sino simiente de la serpiente.

Proverbios 11:13 LBLA *El que anda en chismes descubre el secreto; Mas el de espíritu fiel lo guarda todo.*

Proverbios 25:9 RVR1960 *Trata tu causa con tu compañero, y no descubras el secreto a otro.*

Tanto Caín como Cam manifestaron su simiente en lo que dieron o dejaron de dar. Uno dio lo que le sobraba, el otro expuso lo que debió cubrir. En ambos casos, la simiente incorrecta fue revelada, no por sus palabras, sino por sus acciones.

Y tú, ¿qué simiente revelas cuando nadie te ve?

La enemistad entre las dos simientes sigue vigente, y cada uno de nosotros está dando evidencia diaria de a cuál pertenece, no por lo que dice, sino por lo que hace, por lo que honra, por lo que entrega, y por lo que decide callar.

La simiente correcta siempre produce fruto que glorifica a Dios.

También Jesús nos enseña claramente cómo debemos actuar si vemos a un hermano caer en pecado o cometer algún error. ¿Qué debemos hacer? Llamarlo aparte, tratar de aconsejarlo y corregirlo con amor, con el propósito de restaurarlo en espíritu de mansedumbre.

Marcos 12:31 (RVR1960) *Y el segundo es semejante: Amarás a tu prójimo como a ti mismo. No hay otro mandamiento mayor que éstos.*

Gálatas 6:1 (RVR1960) *Hermanos, si alguno fuere sorprendido en alguna falta, vosotros que sois espirituales, restauradle con espíritu de mansedumbre, considerándote a ti mismo, no sea que tú también seas tentado.*

Hablemos de Sem

En Sem vemos a un fiel cuidador, un protector de la dignidad y del honor de su padre, su líder y su mentor

El versículo 23 de Génesis 9 nos dice que tomaron la ropa y la pusieron sobre sus propios hombros. ¡Es verdaderamente sorprendente lo que hicieron!

Detengámonos a considerar el significado de la palabra "tomaron": implica recibir o aceptar algo, ya sea un objeto, una persona o incluso una carga. Ellos aceptaron, sobre sus propios hombros —es decir, sobre su propia dignidad— la falta de Noé. ¡Esto es muy fuerte! Solo un amor que sobrepasa todo entendimiento puede explicar una actitud tan honorable.

Sem y Jafet realizaron un acto de honra en favor de su padre, quien era también su líder supremo. La Escritura declara que caminaron hacia atrás para cubrir su desnudez, lo que indica que se consideraban indignos de verla. Este gesto refleja el profundo respeto y amor que sentían por Noé; un amor que no dudó en asumir sobre ellos mismos la responsabilidad de proteger su dignidad.

En este acto vemos el fruto evidente de una simiente de justicia. Sus acciones fueron un reflejo de su integridad, pues caminaron hacia atrás para no ver la desnudez de su padre, demostrando reverencia, sensibilidad y honor.

Qué contraste tan impactante con nuestra generación actual, en la que muchos, buscando fama o aplausos en redes sociales, no vacilan en difamar, desacreditar y destruir el testimonio de un líder. ¡Qué diferencia entre estas dos simientes! Mientras Sem y Jafet reflejaron amor, compasión, bondad y misericordia, hoy es frecuente ver actitudes marcadas por la crueldad, el juicio y la falta de perdón.

Aquel acto lleno de honra llenó de gozo a Noé, el hombre que portaba el pacto del Dios del cielo y la bendición del Altísimo. De igual manera, cuando procuramos honrar a un siervo de Dios, lo hacemos a través del servicio, la fidelidad, la compasión y la obediencia. Estas acciones revelan un corazón alineado al propósito divino y a la verdadera cultura del Reino.

Un ejemplo claro de este principio lo vemos en la historia del profeta Eliseo y la mujer sunamita:

2 Reyes 4:13-14 (RVR1960) *"Dijo él entonces a Giezi: Dile: He aquí tú has estado solícita por nosotros con todo este esmero; ¿qué quieres que haga por ti? ¿Necesitas que hable por ti al rey, o al general del ejército? Y ella respondió: Yo habito en medio de mi pueblo. Y él dijo: ¿Qué, pues, haremos por ella? Y Giezi respondió: He aquí que ella no tiene hijos, y su marido es viejo. "*

Eliseo mostró un sincero deseo de bendecir a aquella mujer. Su insistencia al preguntarle: "¿Qué quieres que haga por ti?", evidencia su gratitud y su intención de recompensar la honra recibida. Este relato nos enseña que cuando sembramos honra, cosechamos favor.

Cuando un padre espiritual, un hombre que porta la palabra y la unción, se alegra en su alma, su espíritu se llena de gozo por el buen trato de ese hijo obediente y bondadoso que busca agradarlo. Ese hijo, con su respeto y fidelidad, provoca en su padre un profundo gozo, alegría y paz. Como resultado, todo lo que el padre declare sobre él serán palabras de bendición, pues de un corazón lleno de gratitud y alegría brotan bendiciones abundantes.

Proverbios 17:22 (RVR1960) *El corazón alegre constituye buen remedio; más el espíritu triste seca l*

Hablemos de Esaú y Jacob

Génesis 25:22-26 (RVR1960) *"Y los hijos luchaban dentro de ella; y dijo: Si es así, ¿para qué vivo yo? Y fue a consultar a Jehová; Y le respondió Jehová: Dos naciones hay en tu seno, y dos pueblos serán divididos desde tus entrañas; un pueblo será más fuerte que el otro pueblo, y el mayor servirá al menor. Cuando se cumplieron sus días para dar a luz, he aquí había gemelos en su vientre. Y salió el primero rubio, y era todo velludo como una␣pelliza; y llamaron su nombre Esaú. Después salió su hermano, trabada su mano al calcañar de Esaú; y fue llamado su nombre Jacob. Y era Isaac de edad de sesenta años cuando ella los dio a luz. "*

Es realmente interesante lo que nos muestra el versículo 22: "Y los hijos luchaban dentro de ella; y dijo: Si es así, ¿para qué vivo yo? Y fue a consultar a Jehová."

Este versículo revela una lucha de simientes tan intensa dentro del vientre de Rebeca que ella no hallaba paz en su interior. Su angustia fue tal que sintió la necesidad de consultar al Señor. Esto nos habla de la magnitud de la guerra espiritual que ya estaba presente en el inicio de la vida de estos dos hermanos, y cómo, en medio de su tormento, ella buscó dirección en Dios.

La bendición de la primogenitura incluía no solo una porción doble de la herencia, sino también una posición sacerdotal que implicaba la responsabilidad de conducir a otros hacia Dios, así como una autoridad real espiritual y la capacidad de profetizar la bendición de Dios. Este principio nos muestra que cuando el primogénito no lleva consigo la simiente correcta, la capacidad de gobernar y ejercer la autoridad que el Eterno demanda no se manifiesta en él. La guerra de simientes comenzó desde el mismo vientre, tal como ocurrió con Esaú y Jacob. Aún antes de nacer, ambos comenzaron a mostrar la naturaleza de su simiente y la fuerza que esta llevaba consigo.

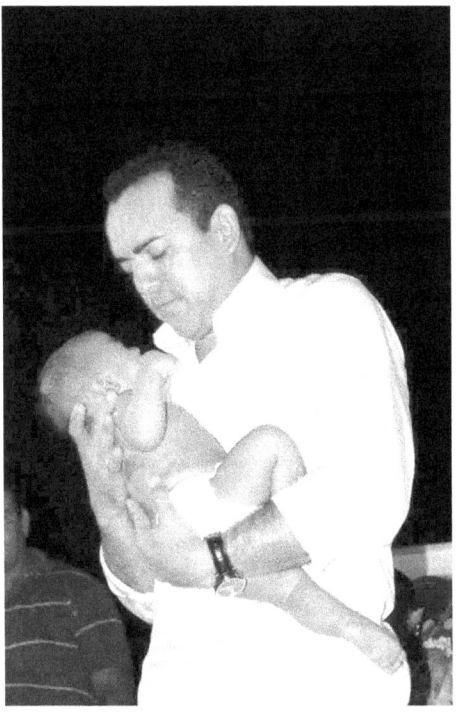

El Eterno le dijo a Jeremías: "Antes que te formara en el vientre te conocí, y antes que nacieras te santifiqué; te di por profeta a las naciones."

Este pasaje nos revela que Dios ya había depositado algo especial en la simiente de Jeremías, preparándolo para cumplir con su propósito divino en la tierra.

La herencia es el proceso mediante el cual se transmiten las características genéticas de padres a hijos. Así, los miembros de una misma familia tienden a compartir rasgos similares. De hecho, cada persona posee dos genomas, un conjunto completo de instrucciones genéticas. Esto nos lleva a entender que el Eterno, desde la eternidad, sabía qué "genoma espiritual" debía depositar en cada uno de nosotros. En el libro de Apocalipsis, Juan menciona varias veces los siete espíritus de Dios (Apocalipsis 1:4, 3:1, 4:5, 5:6).

Así que me pregunto: ¿No será que el Eterno, al colocar su genoma divino en la simiente correcta, lo hace conforme a los siete espíritus de Dios? De esos espíritus emana la existencia correcta de cada persona, tal como Él determinó que fuésemos.

En los siete espíritus del Eterno, Él deposita su genoma de imagen y semejanza en nosotros. Un claro ejemplo de esto lo encontramos en el caso del profeta Jeremías. Dios le dijo: "Antes que te formara en el vientre te conocí, y antes que nacieras te santifiqué; te di por profeta a las naciones." Este pasaje muestra que, desde antes de su nacimiento, Jeremías ya había recibido un propósito específico, diseñado por Dios según la simiente y el llamado que le había entregado.

Jeremías 1:5 (RVR1960) *"Antes que te formase en el vientre, te conocí, y antes que nacieses, te santifiqué; te di por profeta a las naciones. "*

Jeremías 1:5 (Septuaginta en Español) *"Antes de plasmarte yo en el vientre, te conocí, y antes de salir tú de la matriz, te he santificado; profeta para gentes te he puesto."*

¡Mire qué fuerte es esto! «Antes de plasmarte en la matriz, yo te conocí; antes de que nacieras, te santifiqué.»

Este versículo deja en claro que, antes de que el Eterno formara a Jeremías en el vientre, ya había depositado en él los genomas de instrucciones espirituales provenientes de sus siete espíritus. Por esta razón, Dios ya sabía que Jeremías sería profeta para las naciones, porque su propósito estaba diseñado desde la eternidad y establecido en su simiente.

Hablemos de Esaú

Es evidente que, en el caso de Esaú, el Eterno ya conocía los genomas espirituales presentes en él. A pesar de sus defectos, Esaú se destacaba como un cazador valiente y hábil, reconocido por su fuerza física y destreza. Sin embargo, en **Génesis 25:31**, vemos que Esaú no valoraba la importancia de la bendición. Su actitud revela que no comprendía el significado profundo de la primogenitura, pues estuvo dispuesto a cambiarla por un simple plato de comida, demostrando su falta de aprecio por el propósito divino.

Génesis 25:31-33 (RVR1960) *"Jacob respondió: Véndeme en este día tu primogenitura. Entonces dijo Esaú: He aquí, yo me voy a morir; ¿para qué, pues, me servirá la primogenitura? Y dijo Jacob: Júramelo en este día. Y él le juró, y vendió a Jacob su primogenitura. "*

¿Cuántos de nosotros ponemos nuestra mirada en nuestros deseos carnales? Esta pregunta nos confronta con una realidad profunda. Al igual que Esaú, muchas veces damos más importancia a lo inmediato, a lo que satisface nuestra carne, en lugar de valorar lo que Dios ha preparado para nosotros. Es fácil dejarnos llevar por lo temporal y olvidar lo eterno, pero esta actitud puede llevarnos a perder bendiciones significativas.

La historia de Esaú nos enseña que, cuando menospreciamos lo que Dios nos da, podemos terminar cambiando algo invaluable por algo pasajero. *¿Dónde está puesta nuestra mirada hoy? ¿En lo eterno o en lo terrenal?*

Mateo 16:23 (RVR1960*) "Pero él, volviéndose, dijo a Pedro: ¡Quítate de delante de mí, Satanás! Me eres tropiezo, porque no pones la mira en las cosas de Dios, sino en las de los hombres. "*

Es claro que uno de los peores errores de Esaú fue que su simiente estaba inclinada hacia lo terrenal, buscando lo que agradaba a los hombres en lugar de lo que agradaba a Dios. Para él, fue más importante satisfacer el apetito de su carne y saborear la comida que valorar la bendición del Eterno. Su decisión de cambiar su primogenitura por un plato de lentejas revela una falta de visión espiritual y de aprecio por lo eterno. Esaú representa a aquellos que ponen lo temporal por encima de lo divino, perdiendo así el propósito y la herencia que Dios ha destinado para ellos.

Otro claro ejemplo de la inclinación de Esaú por lo terrenal lo vemos en:

Génesis 26:34 (RVR1960) *"Y cuando Esaú era de cuarenta años, tomó por mujer a Judit, hija de Beeri heteo, y a Basemat, hija de Elón heteo; y fueron amargura de espíritu para Isaac y Rebeca. "*

Este ejemplo refleja nuevamente la inclinación de Esaú hacia lo terrenal. Sus ojos volvieron a fijarse en satisfacer sus deseos carnales, eligiendo mujeres de otro linaje, el linaje de la serpiente. Para Esaú, siempre fue más importante el placer inmediato de la carne que el propósito y la bendición del Eterno para su vida y su generación. Como él mismo lo expresó:

Génesis 25:32 (RVR1960) *"Entonces dijo Esaú: He aquí, yo me voy a morir; ¿para qué, pues, me servirá la primogenitura?"*

Es terrible cuando los propósitos eternos en nosotros no los vemos con claridad en nuestro entendimiento. Fíjese en lo impactante de esto: Esaú pensaba que su vida acabaría sin ningún propósito, una mentalidad típica de aquellos que no valoran su existencia, de quienes no comprenden que no son un error en esta tierra, sino que han sido creados con un propósito divino.

Querido lector, espero que en este momento su entendimiento sea abierto al leer estas palabras. Estas revelaciones han sido entregadas a usted para que descubra los códigos de su ADN espiritual. Creo fielmente que cada hombre o mujer que tenga este material en sus manos debe clamar al Eterno con las mismas palabras del salmista:

Salmo 139:16 (RVR1960) *"Mi embrión vieron tus ojos, y en tu libro estaban escritas todas aquellas cosas que fueron luego formadas, sin faltar una de ellas."*

¡Está confirmado! Tenemos el genoma del Eterno. Fíjese qué profundo es esto: «Mi embrión vieron tus ojos.» Usted no es una casualidad en la tierra de los vivientes; usted es un propósito

divino. Es fundamental que entienda esto, porque, si no lo hace, corre el riesgo de cometer el mismo error que Esaú: rechazar el plan del Eterno para su vida.

Debe caminar en el propósito de su existencia en la tierra de los vivientes. *¿Cuál es su asignación? ¿Cuál es su misión?* Cada uno de nosotros tiene un propósito desde la eternidad, y es crucial descubrirlo. Para esto, busque una iglesia donde pueda ser formado, mentoreado por un líder, un mentor o un padre espiritual, quien será el canal para guiarlo hacia su propósito en esta tierra.

No deje que la distracción o la ignorancia lo alejen del plan divino. El Eterno tiene un propósito claro para usted, y es su responsabilidad caminar en ello.

Hablemos de Jacob

El nombre Jacob, en hebreo Ya'akov (בֹּקֲעַי), significa "el que toma por el talón" o "suplantador". Sin embargo, creo que esto es un error, según lo que nos enseña la Biblia. Analicemos los hechos narrados en las Escrituras:

Génesis 25:22 (RVR1960) "Y los hijos luchaban dentro de ella; y dijo: Si es así, ¿para qué vivo yo? Y fue a consultar a Jehová."

Claramente, la palabra nos narra que Rebeca, al sentir la lucha de los gemelos en su vientre, fue a consultar a Jehová. En su angustia, ella buscó la dirección divina, y el Eterno le dio una respuesta clara.

La Escritura nos relata que Jehová le respondió:

Génesis 25:23 (RVR1960) "Dos naciones hay en tu seno, y dos pueblos serán separados desde tus entrañas; un pueblo será más fuerte que el otro, y el mayor servirá al menor."

Es claro que fue Dios quien determinó que Jacob sería el portador de la bendición. No fue responsabilidad de Jacob el hecho de que la bendición estuviera destinada a él. Rebeca sabía claramente lo que el Eterno le había dicho sobre sus hijos y entendió que el plan de Dios era que Esaú serviría a Jacob. Cuando escuchó a Isaac enviar a Esaú para cazar y preparar la comida, Rebeca, al saber que la bendición debía ser dada a Jacob, actuó conforme a lo que el Eterno ya había determinado.

Es importante entender que Jacob jamás fue un engañador; él simplemente se presentó ante Isaac para recibir lo que, por orden divina, estaba destinado a ser suyo. Desde la eternidad, esa bendición le pertenecía a Jacob. Dios había determinado ese propósito antes de que nacieran, y nada podía cambiarlo.

De la misma manera, ¿cuántos hijos de Dios andan viviendo como esclavos, sin saber que han sido llamados y destinados a ser príncipes en la tierra? Si estás arrebatando tu bendición, no eres un usurpador; eres el verdadero heredero. Al igual que Jacob, has sido llamado a recibir lo que te pertenece, porque Dios lo ha determinado desde la eternidad. Es hora de caminar en ese propósito, sabiendo que la bendición que Dios tiene para ti es tuya por derecho.

Cualidades de Jacob

Génesis 25:27 (RVR1960) *"Y crecieron los niños, y Esaú fue diestro en la caza, hombre del campo; pero Jacob era varón quieto, que habitaba en tiendas."*

- Tranquilidad: Jacob era un hombre sencillo, puro y de disposición pacífica.
- Inteligencia: Jacob era astuto, ingenioso y resiliente.
- Estudioso: Jacob "yacía en la tienda", lo cual podría ser una señal de que era una persona estudiosa.
- Espiritualidad: Jacob confiaba en Dios y actuaba con fe.
- Responsabilidad: Jacob se encargaba del negocio familiar.
- Creyente: Jacob creía en Dios y en la promesa divina.

Claramente, Jacob nos muestra que portaba la simiente correcta.

Génesis 25:26 (RVR1960) *"Después salió su hermano, trabada su mano al calcañar de Esaú; y fue llamado su nombre Jacob. Y era Isaac de edad de sesenta años cuando ella los dio a luz."*

La ciencia nos habla de un fenómeno en el talón llamado "fascitis plantar". ¿Qué es la fascitis plantar?

La fascia es una banda fibrosa de tejido elástico que conecta los huesos metatarsianos con el hueso calcáneo (en el talón). Su función principal es tensar la base del pie y amortiguar el impacto generado al caminar, protegiendo las articulaciones del pie y, a veces, incluso la espalda. Cuando la fascia se inflama debido a sobrecarga o estiramiento excesivo, hablamos de fascitis plantar.

Jacob claramente demuestra, desde el mismo momento de su nacimiento, que tenía la autoridad sobre la bendición del Eterno. Cuando tomó a Esaú por el talón al nacer, fue un acto simbólico que mostró su lucha y determinación por recibir lo que había sido designado para él. Este gesto no solo revela una acción física, sino también una lucha espiritual por la bendición que Dios había decretado desde la eternidad.

Es importante notar que, cuando el talón se hincha y duele, el cuerpo humano no puede caminar normalmente, lo que simboliza cómo Jacob, desde el vientre de Rebeca, luchaba contra Esaú. Esta lucha no era solo física, sino una manifestación de la profecía dada por el Eterno a Rebeca, de que dos pueblos lucharían dentro de ella, y que el mayor serviría al menor (Génesis 25:23).

Cuando el Eterno determina algo en nuestro destino, nadie podrá arrebatarnos esa palabra. Ninguna simiente de la serpiente podrá dañar, lastimar, quitar, reemplazar ni usurpar lo que fue destinado para ti. Lo que Dios ha dicho sobre tu vida, nadie lo cambiará. Tendrás la bendición que te corresponde, porque estás determinado por el Eterno. Así como Jacob, no serás llamado engañador, sino el verdadero heredero de la promesa divina. ¡Lo que Dios ha planeado para ti, lo recibirás!

Es el año 2025, y ya casi cumplo 40 años al servicio del Señor. Desde siempre he tenido muchas inquietudes, especialmente al llegar al seno de una congregación cristiana y observar el nivel de ignorancia tan elevado que existe dentro de los círculos cristianos. Mi mamá siempre decía que de todos sus hijos, yo era el que más preguntaba, el que más analizaba y, sin duda, el más extrovertido. Al tomar la Biblia por primera vez, recuerdo haberme detenido en el capítulo 1, verso 1 del libro de Génesis. Mi mente comenzó a pensar aceleradamente, y me acerqué a algunos líderes para evacuar mis preguntas, pero nunca obtuve una respuesta satisfactoria. Y no era porque quisiera escuchar lo que yo quería oír, sino porque sus argumentos, teorías y explicaciones carecían de fundamento en cuanto a lo que realmente ocurrió en Génesis 1:1.

¿Por qué existen versiones de las Escrituras tan alejadas de la verdad? ¿Quién quiso encubrir algunas verdades? ¿Qué hombre, qué institución, qué jerarquía, qué poder hay detrás de querer manipular el texto sagrado? Es tan sencillo aceptar que «en el principio creó Dios los cielos y la tierra», pero, ¿por qué es tan difícil, incluso casi abusivo, detenerse ante textos más antiguos donde, en lugar de decir «creó los cielos y la tierra», se dice «crió los cielos y la tierra»? El verbo «crear» se usa con una connotación específica, pero la palabra «crió» implica darle continuidad a lo que ya existía. Preguntas como estas me han acompañado por muchos años, y no encontrar respuestas satisfactorias fue realmente frustrante.

Me detuve frente a las Escrituras cuando dice que Dios separó la luz de las tinieblas. ¿Qué fue lo que separó? En Génesis 1:14, la Escritura dice que "Dios creó las estrellas, el sol y la luna". ¿A qué se refería cuando habla de separar la luz de las tinieblas? Me fui un poco más allá y analicé el texto. Es como si el diluvio mencionado en la Escritura no hubiera sido universal, sino parcial. Como si solo se hiciera referencia a las costas. ¿Qué ocurrió realmente en ese diluvio? ¿Fue universal o fue solo parcial? Cuántas veces le pregunté a Dios: ¿Habrá algo más aquí que no sabemos? ¿Habrá un velo que debe ser levantado? ¿Habrá una puerta que se cerró? ¿Será posible que nos predicaron un mensaje equivocado? ¿Será posible que nos mintieron? ¿Quién está detrás de encubrir algo tan santo como la palabra de Dios? ¿Quién está detrás de todo esto?

Si la Escritura dice en los textos antiguos que Elohim dijo: "Volvamos a hacer al hombre", ¿por qué hay versiones que dicen "Hagamos al hombre"? Cuando los textos más antiguos lo dicen de otra manera, esa otra manera da la impresión de que, sobre esta eternidad presente llamada planeta Tierra, el Eterno Dios ya había tenido, primero, otros principios, y segundo, otras creaciones antes que la nuestra.

¿Por qué resulta tan fácil decirnos que el ser que el Padre crea en Génesis 1:26-27, al cual Él bendice, es simplemente el primero y único ser creado? La palabra "bendición" tiene 14 significados, entre ellos:

- **Primero:** Mi bendición te asegurará días buenos en la tierra de los vivientes.
- **Segundo:** Mi bendición en ti anulará el deseo malo que otros puedan tener contra ti.
- **Tercero:** Mi bendición en ti atraerá lo que yo predestiné para ti y los tuyos.
- **Cuarto:** Donde tú vayas, donde tú entres, serás bendición, tierra deseable.
- **Quinto:** Mi bendición en ti anulará el poder de la maldición.
- **Sexto:** Mi bendición en ti producirá que tus hijos se conviertan en exponentes de mi gloria y de mi poder.
- **Séptimo:** Mi bendición en ti producirá que donde tú camines y haya maldición, la maldición tendrá que irse.

- **Octavo:** La palabra "y los bendijo Dios" significa que cada semilla tendrá el potencial de ser buena.
- **Noveno:** Mi bendición en ti producirá milagros.
- **Décimo:** Mi bendición en ti hará que, aunque hayas comenzado mal, terminarás bien.
- **Décimo primero:** Yo te dije: "Te voy a bendecir". Yo te dije: "Bendecido eres", "Eres bendito".
- **Décimo segundo:** Mi bendición en ti será vista por todos.
- **Décimo tercero**: Eres un bendito del Eterno.
- **Décimo cuarto:** Donde tú vayas, donde camines, donde hables, donde te muevas, dondequiera que estés, mi bendición estará en ti. Que los cielos fluyan leche y miel en la tierra donde tú habitas.

Pero de pronto, llegamos a Génesis 2 y encontramos un ser que no es creado en pareja, sino que es creado solo.

El tratamiento del ser de Génesis 1:26-27 es el equivalente a un ser que es creado y bendecido, pero el ser del capítulo 2 es distinto, porque a este lo forman del polvo de la tierra, o de los tiestos quemados de la tierra. Y a este ser le ponen nombre; al primero solo lo llamaron varón y hembra.

Capítulo 4
Interrogantes

Me hice tantas preguntas a lo largo de los años, tantas interrogantes. ¿Es posible concluir que hubo más creaciones en esta eternidad? ¿Es posible concluir que separar la luz de las tinieblas era separar seres espirituales? ¿Es posible concluir que el ser de Génesis 1:26-27 no es Adán y Eva? Esto nos muestra que era una creación aparte, y que Adán y Eva fueron puestos en un huerto.

La razón por la cual Caín planea matar a su propio hermano, que era gemelo, es porque la Escritura dice que "Lo que Caín presentó a Dios fue algo abominable", mientras que lo que Abel trajo fue un cordero sobre un altar. Es decir, ellos conocían la forma correcta de presentarse ante el Eterno.

Aun estando en un ambiente sano, en un ambiente santo, ¿por qué Caín decide matar a su hermano? ¿Cuál es el misterio? Lo cierto es que la Escritura dice que Caín era del maligno, y también que Eva tenía comunicación y hablaba con la serpiente.

Existen diversas interrogantes que surgen al leer las Escrituras. ¿Será posible que la serpiente también haya comprendido, de la misma manera que el Eterno envió un ángel a María para revelarle palabras tan poderosas que provocaron en ella el embarazo? ¿Qué fue lo que realmente sucedió en ese momento?

Si Caín es hijo de una simiente malvada, y en Génesis 3:15, después de los eventos ocurridos, el mismo Eterno le habla a Eva, diciendo: "Y pondré enemistad entre ti y la mujer, y entre tu simiente y la simiente suya", ¿qué significa esto? ¿Qué leyes se desprenden de estas palabras y qué quiso realmente comunicar el Eterno con ellas?

¿Por qué existe este odio entre personas que, a pesar de ser hermanos, se rechazan? ¿Qué impulsa a alguien a presentar una ofrenda aborrecible ante el Eterno, mientras que otro presenta un altar con un cordero, con un corazón dispuesto a agradar a Dios? ¿Qué características posee la simiente que provoca tal ofensa hacia el Eterno?

¿Será que hay una conexión directa con Ezequiel capítulo 28, con Isaías 14? ¿Es la misma simiente que decide desafiar al Eterno? Que quiere un trono alto y sublime, que a causa de la multitud de sus contrataciones se levanta, porque literalmente exige un trono alto y sublime. ¿Cuál era el gen, cuál era el ADN, cuál era la realidad de Caín?

¿De dónde proviene esa idea tan descabellada como que una mujer llamada Lilit tuvo relaciones sexuales con Leviatánes, monstruos marinos, y que de ahí venía Caín? Pero lo cierto es que Caín venía en el vientre de Eva, no de Lilit, y la Escritura no da aval para decir que Eva hablaba con un Leviatán. Sin embargo, es muy clara al decir que Eva tenía contacto y hablaba con la serpiente.

¿Por qué esas simientes no se soportan? Aunque nunca se hayan visto, ¿por qué hay tanta molestia? ¿Cuál es la razón de esa enemistad que proviene desde la eternidad? ¿Qué nos quiere enseñar el Eterno a nosotros? ¿Cuál es el mensaje oculto? ¿Cuál es la revelación? ¿Qué palabra tenemos para poder aplicar y entender nuestra lucha, nuestras dificultades, nuestros opositores, nuestras guerras, los levantamientos, las aflicciones, los dardos de fuego de los cuales habla la Escritura en el Nuevo Testamento? ¿A qué se refería el apóstol Pablo cuando dijo: "Pues no ignoramos sus maquinaciones"? ¿Cuáles eran esas maquinaciones? ¿A qué se refería él? ¿Por qué Jesús dijo que las puertas del infierno no prevalecerán contra la iglesia? ¿Por qué Efesios dice que nuestra lucha no es contra carne y sangre, sino contra principados y potestades, contra tronos, contra dominios, contra seres espirituales que dominan en las regiones celestes?

¿Quiénes planearon matar a Moisés? ¿Quiénes planearon la muerte de los tres jóvenes hebreos? ¿Qué empujaba a que quisieran matar a Daniel y echarlo en un foso de leones? ¿Quién movió el corazón en el tiempo de Acab para golpear al profeta Micaías?

La Escritura está llena de misterios. Nos encontramos con un monte donde la adoración al Dios verdadero había sido corrompida. Ahora, quienes estaban sobre el monte Carmelo eran brujos. Hablamos de una mujer llamada "Jezabel", una persona que no solo aparece en el Antiguo Testamento, sino que también aparece en Apocalipsis, el último libro de la Biblia. ¿Qué nos quiso decir el Eterno?

¿Por qué la Biblia menciona en Génesis 36:12 a un hijo de Timna y Elifaz, nieto de Esaú? Y en Éxodo 7:8-16, habla con lujo de detalles de cómo este ser llamado Amalec atacó a Israel por la retaguardia, capturando familias y provocando terror. ¿Quién movía a estas personas? ¿Será que hay simientes que son enemigas antes de llegar a este planeta?

Pasé muchas noches en vela estudiando y preguntando a Dios: ¿Qué quisiste decir? Tuve la oportunidad de leer a hombres como Juan Stam, un teólogo prominente de nuestro tiempo, y Flavio Josefo, un gran historiador del primer siglo, David Ben-Gurión y algunos otros historiadores, cuyo conocimiento es como un bisturí en las manos del mejor cirujano del mundo.

La gran pregunta es: ¿Por qué Lilith y Bel atacan a las personas mientras duermen? Hay niños que nacen con el cordón umbilical enredado en su cuello, literalmente ahorcándolos. Hay hombres de Dios que son atacados por cáncer, y mujeres de Dios librando batallas. Me detengo por un momento en Génesis 6 y me pregunto: ¿Quiénes eran los hijos de Dios que codiciaban a las hijas de los hombres? Al leer los libros de Enoc en la edición completa en español de Oliver Ibáñez, me sorprendió mucho que, en aquellos días, se multiplicaron los hijos de los hombres y les nacieron hijas hermosas. Los hijos de Dios, los cuales eran vigilantes provenientes del cielo, las vieron y las desearon. Se dijeron unos a otros: "Vayamos y escojamos mujeres de entre las hijas de los hombres y engendremos hijos".

Enoc 6:1-8 Así sucedió que, cuando en aquellos días se multiplicaron los hijos de los hombres, les nacieron hijas hermosas y bonitas. Los Vigilantes, hijos del cielo, las vieron y las desearon. Se dijeron unos a otros: "Vayamos y escojamos mujeres de entre las hijas de los hombres y engendremos hijos".

Entonces Shemihaza, que era su jefe, les dijo: "Temo que no queráis cumplir con esta acción y sea yo el único responsable de un gran pecado."

Pero ellos le respondieron: "Hagamos todos un juramento y comprometámonos todos bajo un anatema a no retroceder en este proyecto hasta ejecutarlo realmente."

Entonces todos juraron unidos y se comprometieron al respecto unos con otros, bajo anatema. Y en total fueron 200 los que descendieron sobre la cima del monte, al cual llamaron Hermón, debido a que sobre él habían jurado y se comprometieron mutuamente. Estos son los nombres de sus jefes: Shemihaza, quien era el principal, y en orden con relación a él, Ar'taqof, Rama'el, Kokab'el, 'El, Ra', Ma'el, Dani'el, Zeq'el, Baraq'el, 'Asa'el, Harmoni, Matra'el, 'Anan'el, Sato'el, Shamsi'el, Sahari'el, Tumi'el, Turi'el, Yomi'el, y Yehadi'el. Estos son los jefes de decenas de los Ángeles caídos, quienes enseñan a los seres humanos cosas malignas, e introducen en la raza humana el derramamiento de sangre, lanzamiento de hechizos y otras formas de maldad.

Existen muchas interrogantes sobre el tema de los ángeles caídos y su aparición en el capítulo 6 del libro de Génesis. A lo largo de la historia, se han propuesto diversas hipótesis y preguntas sobre este pasaje. Según la Biblia, estos ángeles caídos tuvieron relaciones con las hijas de los hombres. Sin embargo, surge un problema muy serio en cuanto a la interpretación de este hecho, especialmente cuando se trata de temas delicados como la pedofilia.

La Biblia es muy clara al afirmar que los ángeles caídos, al ver que las hijas de los hombres eran hermosas, decidieron tomarlas por esposas. Es importante notar que no se menciona que estas mujeres eran adultas, sino que el texto resalta que las hijas de los hombres eran jóvenes. Este detalle abre la puerta a una serie de cuestionamientos sobre la naturaleza de estas interacciones. Los ángeles, como seres espirituales y vigilantes, parecen haberse aprovechado de su posición para seducir y tomar a las mujeres.

Este evento, según algunos estudios, da origen a una nueva raza de seres, los Nefilim, que eran una mezcla entre ángeles caídos y seres humanos. Estos seres, aunque nacidos de una unión prohibida, se describen en las Escrituras como hombres valientes y de renombre, y en Génesis 6:4 se les menciona como seres extraordinarios que adquirieron una notoriedad particular en la historia primitiva.

Cuando se consulta el *Libro de Enoc*, un texto apócrifo, se expande más sobre este tema, revelando que estos seres tenían habilidades sobrenaturales y capacidades que los hacían diferentes a los humanos comunes. Los Nefilim no solo eran gigantes de tamaños descomunales, sino que también eran seres con una fuerza superior a la de los seres humanos, capaces de dominar y conquistar el mundo primitivo. Estos seres formaban una especie de raza dominante, por encima de todo lo creado en ese entonces, especialmente en lo que respecta a la raza humana.

El tamaño extraordinario de los Nefilim, junto con sus habilidades sobrehumanas, les permitió ejercer un control y un poder que trascendió la historia de la humanidad en sus primeras etapas. Sin embargo, estos hechos, tan extraños y desconcertantes, también dan lugar a muchas preguntas sobre el impacto de tales uniones y las consecuencias que generaron en el mundo de la antigüedad.

La Biblia menciona a un ser llamado Goliat, un gigante que tenía cuatro hermanos, quienes igualmente eran criaturas gigantescas, sobrenaturales, con características inusuales. Estos seres, descritos con seis dedos en cada mano y seis dedos en cada pie, eran criaturas grotescas, espantosas y aterradoras. No es de extrañar, entonces, que cuando Goliat apareció frente al ejército de Israel, nadie quisiera enfrentarse a él, pues eran seres extraordinarios y completamente ajenos a la naturaleza humana. La Biblia es clara al relatar que los israelitas temían a los gigantes durante la época de Moisés.

En *Números 13:33*, se menciona que los espías, al ver a estos seres en la tierra prometida, afirmaron que se sentían como langostas ante ellos. No era una historia inventada, sino una descripción literal de criaturas extraordinarias con dimensiones fuera de lo común, seres grotescos y de una naturaleza que parecía sacada de una historia de fantasía.

Estos relatos de gigantes y criaturas sobrenaturales evocan historias como la de *Jack y las habichuelas mágicas*, o los míticos viajes de *Gilligan*. Nos enfrentamos a una realidad que parece tan fantástica y profunda que nos obliga a preguntarnos: ¿Existen estos seres todavía? ¿Podrían ser figuras poderosas detrás de algunas de las organizaciones mundiales actuales? ¿Podrían figuras históricas como Alejandro Magno, Hitler, o incluso figuras contemporáneas como la Reina Isabel II, estar vinculadas a ellos de alguna manera?

Es fascinante preguntarse si tales seres, con habilidades extraordinarias, podrían aún estar entre nosotros. ¿Acaso las élites que se reúnen en secreto, el Vaticano, y ciertos círculos de poder mundial conocen estos misterios? ¿Qué secretos y conocimientos guardan ciertos arqueólogos, paleontólogos o científicos sobre estas entidades? ¿Es posible que todavía exista una creación paralela con habilidades sobrenaturales que habita en nuestro mundo?

Estas preguntas surgen al considerar otros elementos en nuestra sociedad, como los cultos a las tinieblas. En muchos de estos cultos, se habla de rituales grotescos, donde el sexo juega un papel fundamental, a menudo acompañado de sacrificios humanos. Se nos ha enseñado que en tales cultos, las personas hacen pactos con el diablo. Pero, ¿será posible que estos seres caídos, que en tiempos antiguos tomaron a las hijas de los hombres, estén detrás de tales prácticas? ¿Podría ser que figuras como Lucifer (Luzbel) se encuentren presentes en estas reuniones oscuras? ¿Dónde comenzó la corrupción de estos seres?

No pudo haber sido en el trono de Dios, tuvo que haber sido en alguna otra dimensión, ¿dónde fue que ellos aprendieron magia? ¿Cómo aprendieron la maldad? ¿Cómo se volvieron ellos seres que aparentan luz pero son tinieblas? Porque son seres que alumbran pero engañan. Creo que estamos frente a un tema que es muy, pero muy profundo. Estamos frente a algo que nunca se nos enseñó, algo que supera todo lo que nosotros hayamos pensado, vivido o visto. Seres espirituales que desean copular con mujeres humanas, seres de la tierra, seres que vienen de otra dimensión y de otra eternidad. Es decir, personas que no son personas; se engendraron hombres y mujeres con habilidades sobrehumanas. Es muy interesante porque aún dentro de registros históricos aparecen seres extraños: una mujer que tiene la mitad de su cuerpo de pez, otra mujer que tiene la mitad de su cuerpo de animal, seres con mitad humano y mitad bestia como el centauro, seres con poderes sobrenaturales.

¿No será esto a lo que Pablo se refirió cuando habló de especialistas? ¿Cuándo habló de arquitectos? ¿Cuándo habló de seres que eran superiores a todo lo que él había visto? Estamos frente a algo que, creo, nos llevará a aguas muy profundas. No tengo la menor duda de que, amado lector, se está enfrentando a algo en su ciudad, en su nación, en su región, en la calle donde usted vive, en el residencial al cual pertenece, o el país donde el Señor le ubicó. Y creo que hemos disfrazado las simientes de la serpiente, y nos hemos entretenido con pequeñas brujas, con pequeñas artes mágicas, nos hemos entretenido con la tela de las arañas, cuando el gran problema que tenemos enfrente es una simiente de la serpiente.

Nos hemos entretenido con seres bajos, con instintos bajos, seres que no podrían tocarnos a menos que nosotros lo permitamos con nuestra mente. Hemos ignorado que hay especialistas, que hay expertos, que hay arquitectos. Hemos ignorado que hay una enemistad entre simientes y que a ti y a mí se nos dio la potestad de poner el pie sobre la cabeza de la serpiente.

A la serpiente se le permitiría morder nuestro calcañar. Dicho de una manera con revelación, podría tocar nuestros caminos, podría tocar nuestro andar, podría desviar nuestra atención del Eterno. Podría destruir o envenenar el transitar que tenemos en los caminos del Señor.

Ángeles caídos que tienen relaciones con mujeres hermosas y dan a luz seres humanos mitad ángel, mitad humano, llamados Gibborim, tiranos matones. La palabra Gibborim significa tirano matón, malo, perverso, seres sin sentimientos, sin compasión. Hombres como Vladimir Lenin, líder comunista y fundador del comunismo. Parte de su teoría de la vida era querer erradicar todo aquello que no pensara como él. Decían parte de sus telegramas: "Si queremos gobernar, vamos a introducir el terror masivo, nos vamos a apropiar de la tierra, nos apropiaremos de los granos, no tendremos clemencia, nos burlaremos de todo vestigio de fe y destruiremos todo aquello que no cree igual que nosotros." Organismos como los nazis.

En el *Libro de Enoc*, capítulo 10, versos 1 al 2: "Entonces el Altísimo, grande y santo, habló y envió a Sariel, al hijo de Lamec, y le dijo: 'Ve hacia Noé y dile: escóndete y revélale la consumación que viene, pues la tierra entera va a desaparecer. Un diluvio está por venir sobre la tierra, y todo lo que se encuentre sobre ella perecerá.'" Los Nefilim, los gigantes, los Gibborim, tiranos y matones, y los semihombres famosos reaparecieron en la tierra después de la inundación. Parece que ellos no morían, es como si la dimensión de dónde venían no pudiera ser tratada igual o morir de la misma manera. Eran seres de una dimensión distinta. Vemos en la Biblia que, años después de que el diluvio se terminó, todavía existían seres como estos. Pero la pregunta es: ¿En qué momento desaparecieron los Gibborim, los Sem y los Nefilim? ¿En qué momento dejaron de existir? O, ¿será que todavía existen? Esa es la gran pregunta que tenemos.

Josué 15:14 (RVR1960) Y Caleb echó de allí a los tres hijos de Anac, a Sesai, Ahimán y Talmai, hijos de Anac.

Números 13:32-33 (RVR1960) Y hablaron mal entre los hijos de Israel de la tierra que habían reconocido, diciendo: La tierra por donde pasamos para reconocerla, es tierra que traga a sus moradores; y todo el pueblo que vimos en medio de ella son hombres de grande estatura. También vimos allí gigantes, hijos de Anac, raza de los gigantes, y éramos nosotros, a nuestro parecer, como langostas; y así les parecíamos a ellos.

1 Samuel 17:4-6 (RVR1960) Salió entonces del campamento de los filisteos un paladín, el cual se llamaba Goliat, de Gat, y tenía de altura seis codos y un palmo. Y traía un casco de bronce en su cabeza, y llevaba una cota de malla; y era el peso de la cota cinco mil siclos de bronce. Sobre sus piernas traía grebas de bronce, y jabalina de bronce entre sus hombros.

1 Crónicas 20:5 (RVR1960) Volvió a levantarse guerra contra los filisteos; y Elhanán, hijo de Jair, mató a Lahmi, hermano de Goliat geteo, el asta de cuya lanza era como un rodillo de telar.

2 Samuel 21:18 (RVR1960) Otra segunda guerra hubo después en Gob contra los filisteos; entonces Sibecai husatita mató a Saf, quien era uno de los descendientes de los gigantes.

Josué 15:13-14 (RVR1960) Mas a Caleb, hijo de Jefone, dio su parte entre los hijos de Judá, conforme al mandamiento de Jehová a Josué; la ciudad de Quiriat-arba, padre de Anac, que es Hebrón. Y Caleb echó de allí a los tres hijos de Anac, a Sesai, Ahimán y Talmai, hijos de Anac.

Deuteronomio 6:11 (RVR1960) Porque únicamente Og, rey de Basán, había quedado del resto de los gigantes. Su cama, una cama de hierro, ¿no está en Rabá de los hijos de Amón? La longitud de ella es de nueve codos, y su anchura de cuatro codos, según el codo de un hombre.

A la luz de las Sagradas Escrituras, surge un enigma que ha desconcertado a estudiosos y teólogos a lo largo del tiempo: ¿Cómo es posible que los gigantes reaparecieran después del Diluvio? Si el cataclismo enviado por el Eterno fue una purga absoluta para erradicar la corrupción que había infectado la creación, ¿de qué manera volvieron a manifestarse estos seres colosales? ¿Dónde se ocultaron? ¿Cómo sobrevivieron?

Existe una respuesta envuelta en el velo del misterio. Todo indica que, tras el Diluvio, los espíritus de aquellos híbridos nefastos —fruto de la unión prohibida entre ángeles caídos y mujeres humanas— no perecieron con sus cuerpos, sino que persistieron en el plano espiritual. Estas entidades incorpóreas, despojadas de su forma física, vagaban entre dimensiones, aguardando el momento propicio para reinsertarse en la historia de la humanidad.

Hay otro libro al que me gustaría hacer una pequeña referencia dentro de esta narración que se llama *Ángeles y Demonios desde la Creación hasta el Armagedón* por Joseph B. Lumpkin.

…Y el Señor abrió siete puertas del cielo y abrió las compuertas de la fuente del gran abismo. El número de compuertas era siete y las compuertas empezaron a ver agua desde el cielo 40 días y 40 noches, y las fuentes del abismo también enviaron aguas hasta que el mundo entero se llenó de agua. Las aguas aumentaron sobre la tierra 15 codos y las aguas subieron por encima de las montañas más elevadas, y el arca fue levantada de la tierra y se movía sobre la faz de las aguas. El agua cubrió la faz de la tierra durante cinco meses, los cuales son 150 días, y toda carne fue destruida, pero los espíritus de los malignos no fueron destruidos. Habiendo salido a buscar carne de animales en la cual vivir después de que sus cuerpos fueron muertos, los espíritus de los gigantes y los hijos de los "guardas" escaparon y esperaron el momento. El arca fue y descansó en uno de los montes de Ararat, en la luna nueva del cuarto mes. Las fuentes de las grandes profundidades fueron cerradas y las compuertas del cielo fueron contenidas, y en la luna nueva del mes séptimo fueron abiertas en la tierra todas las salidas de los abismos sin fondo. El agua empezó a fluir hacia las profundidades de abajo. En la luna nueva del mes 10, vieron la cima de las montañas, y en la luna nueva del primer mes, la tierra se hizo visible. Las aguas desaparecieron de la tierra en la quinta semana del año séptimo y en el decimoséptimo día del segundo mes, la tierra estaba seca. El vigésimo séptimo día de esto, él abrió el arca y envió fuera las bestias, el ganado, las aves y todo ser que se movía, y una vez más los espíritus de los malignos empezaron a habitar en animales y en hombres.

Tras el diluvio, la humanidad y el reino animal volvieron a poblar la tierra. Sin embargo, la maldad que impera en nuestros días es tan profunda que solo puede compararse con la corrupción de los tiempos de Noé. Que Dios nos auxilie, pues si en la antigüedad los ángeles caídos lograron habitar en los hombres y engendrar criaturas monstruosas, ¿qué nos impide pensar que aún conservan esa capacidad?

No encuentro razón alguna para creer que los seres oscuros renunciarían a su propósito de contaminar y destruir la raza humana. Es altamente probable que esta práctica persista en la actualidad, aunque bajo formas más sutiles y encubiertas. Aunque los Nefilim fueron exterminados, sus herederos espirituales siguen existiendo.

Los Gibborim, los tiranos, los opresores, y los hombres de renombre no han desaparecido.

Sin embargo, los gigantes físicos enfrentan una realidad compleja en un mundo diseñado para seres de menor estatura. Su tamaño colosal los convierte en objetivos evidentes, ya sea de admiración o de desprecio. No es fácil existir en una sociedad donde todos te observan, donde eres un símbolo de poder o, peor aún, una amenaza a ser destruida.

Un reflejo moderno de esta dinámica lo encontramos en la política global. Hoy en día, naciones enteras aborrecen a los Estados Unidos de América, no porque sea moralmente inferior, sino porque es percibido como un gigante: una superpotencia con una influencia arrolladora, riqueza descomunal y un nivel de vida inalcanzable para muchos. La lucha entre los poderosos y los oprimidos sigue siendo una manifestación moderna del conflicto ancestral entre las simientes.

El origen de la simiente de la serpiente es un tema crucial. Seguramente, en este preciso momento, te encuentras en medio de una batalla espiritual. Tal vez estás bajo ataque, sintiendo que tus fuerzas se agotan y que el enemigo ha desatado un asalto implacable sobre tu vida. No es coincidencia. No estás combatiendo contra un adversario común, sino contra una fuerza espiritual que se remonta a los albores de la humanidad.

Después de un encuentro de liberación espiritual, es común experimentar un profundo agotamiento: dolores intensos en las articulaciones, fiebre, migrañas, desánimo e incluso una sensación de vacío y soledad que envuelve el alma. No es una simple aflicción física, sino el reflejo de una guerra que se libra en los planos invisibles. No estás peleando contra algo de un rango inferior, estamos luchando una batalla entre la simiente de la mujer y la simiente de la serpiente.

Este relato, lleno de revelaciones ocultas por mucho tiempo, tendrá una segunda parte, en la que exploraremos la relación que existe entre la nación de Canaán y el mundo Pre- Adámico.

Epílogo

Al cerrar esta enseñanza, es imposible no reflexionar sobre las profundidades que nos han sido reveladas, un territorio espiritual y humano donde lo visible y lo invisible se entrelazan. Hemos sido testigos de un relato que abarca desde los orígenes bíblicos hasta la complejidad de los desafíos espirituales actuales, enfrentando la eterna lucha entre las fuerzas del bien y del mal.

Las semillas de la serpiente, sembradas desde tiempos antiguos, siguen dando fruto hoy, no en forma de gigantes físicos, sino a través de influencias invisibles, sutiles pero poderosas, que aún nos acechan y nos desafían. La batalla espiritual no es solo un concepto bíblico, sino una realidad que se manifiesta en nuestra vida diaria, en los rincones más oscuros de nuestra sociedad y en las luchas internas que cada uno de nosotros enfrenta.

Hemos visto cómo los espíritus de aquellos híbridos nefastos, los gigantes de antaño, no perecieron con el diluvio, sino que, como entidades incorpóreas, han continuado su propósito de contaminar y destruir la humanidad, adaptándose a las circunstancias y utilizando medios más insidiosos. El enfrentamiento de la simiente de la mujer contra la simiente de la serpiente es una lucha perpetua, una guerra que trasciende el tiempo y que cada generación debe afrontar con una mayor comprensión y preparación.

Hoy, más que nunca, debemos estar conscientes de que no estamos luchando contra carne ni sangre, sino contra poderes espirituales que se mueven en dimensiones que no siempre podemos percibir. Pero esta batalla no está perdida. Como nos enseña la Escritura, se nos ha dado la autoridad para pisar la cabeza de la serpiente, y aunque sus tentáculos sigan alcanzando los aspectos más oscuros de la humanidad, Dios ha provisto la victoria a través de Su Espíritu.

Al cerrar este tema, recordemos que la batalla no es solo un concepto abstracto, sino una realidad tangible que afecta nuestras vidas, nuestras decisiones y el rumbo de nuestras naciones. Pero también recordemos que no estamos solos en esta lucha. A través de la fe, la sabiduría divina y el poder del Espíritu Santo, tenemos la capacidad de enfrentar y superar los desafíos que se nos presentan.

Que esta obra haya servido como una luz para iluminar los rincones oscuros de nuestro entendimiento y nos haya armado con la verdad espiritual necesaria para caminar en victoria. Que no olvidemos nunca que, aunque la serpiente mueva sus piezas en las sombras, la luz de Cristo brilla más fuerte y Su poder es más grande que cualquier fuerza que se levante en contra de nosotros.

Al final, es nuestra elección: ser conscientes de la guerra espiritual en la que estamos involucrados, y con valentía, luchar con la sabiduría, la verdad y el poder de Dios, sabiendo que en Él siempre encontraremos la victoria.

Anotaciones

Notas Bibliográficas

Targum, pseudo-Jonathan on Gen 4:1 Miguel Pérez Fernández, Tradiciones mesiánicas en el Targum palestinense. Estudios exegéticos (Valencia-Jerusalén: Institución San Jerónimo, 1981)

Pirké del Rabbí Eliezer XXI, trad. notas por Gerald Friedlander (London: Kegan Paul, 1916), 150.

Idem, 150s.

Targum del Pseudo Jonatán (en adelante: *PsJ*) Gen 3, 4-5, en Miguel Pérez Fernández, *Tradiciones mesiánicas en el Targum palestinense. Estudios exegéticos* (Valencia-Jerusalén: Institución San Jerónimo, 1981), 47.

PsJ Gen 3, 6, 48.

PsJ Gen 4, 1, 48.

PsJ Gen 5, 3, 48.

La palabra hebrea mšbr (משבר), "vulva", "cuello del útero" (cfr. 2Re 29, 3) toma aquí el sentido metafórico de "puerta". En plural significa oleadas (cfr. Jon 2, 4, 2Sa 2, 25: "oleajes de muerte"). Cfr. M. Pérez Fernández, Tradiciones mesiánicas..., 49, n. 61.

1QHodayot (1QHa) Col. XI (= III + frag. 25), 9-18, edición y traducción por Florentino García Martínez, Textos de Qumrán (Madrid: Trotta, 20096), 369.

Jalkut Shm'oni 35, en Jalkut Shm'oni al ha-Torah le Rabbenu Schim'on ha- Darschan I: Sepher Bereshit (Jerusalén: D. Hyman et alli, 1971), 120ss.

Bereshit Rabbah (en adelante: GnR) XXIV, 6, en Luis Vegas Montaner, Génesis Rabbah I (Génesis 1-11). Comentario midrásico al libro del Génesis, Biblioteca Midrásica (Estella-Navarra: Verbo Divino, 2009), 283.

Vida de Adán y Eva 1, en A. Diez Macho, Apócrifos del Antiguo Testamento... II, 325.

GnR XX, 3, 257.

Carta de San Policarpo a los Filipenses VII, 1, en D. Ruiz Bueno, Padres Apostólicos, edición bilingüe completa (Madrid: BAC, 19936), 667

Martirio de San Policarpo (Epílogo según el Códice de Moscú) 3, en D. Ruiz, Bueno, Padres Apostólicos, 688. Cfr. Eusebio de Cesarea, Historia Eclesiástica, IV, 14, 3-8, versión española, traducción y notas por Argimiro Velasco- Delgado, Eusebio de Cesarea. Historia Eclesiástica I (Madrid: BAC, 19972), 220-221.

Cfr. Tertuliano, Adversus Marcionem I, 6, 1, introducción, texto crítico, traducción y notas por René Braun, Contre Marcion, Tome I, Livre I, (SC 265) (Paris: Cerf, 1990), 105.

Cfr. J. Dochhorn, "Caín, el hijo del diablo...", 160.

Clemente de Alejandría, Stróm. III, XVII, 103, 4-104, 1, 477.

Conocimiento y curación del si, 1. "El Árbol de la Vida y el origen de la sexualidad", El cristianismo pre-nicénico (En torno a Gn 3, 22 – 4, 1ss.) Juan Carlos Alby

https://es.wikipedia.org/wiki/Cam

https://farmalastic.cinfa.com/blog/sufres-dolor-en-el-talon-descubre-si-es-fascitis-plantar-o-espolon-calcaneo

Enoc 6:1-8 Los Libros de Enoc: Edición Completa en Español» de Oliver Ibáñez (2023)

Lumpkin Joseph B, Angels and Demons: From Creation to Armageddon, 3 Mayo 2009

Agradecimientos

Agradezco, en primer lugar, a mi Padre Celestial, quien me escogió con propósito eterno y me confió esta misión. A Él sea toda la gloria por sostenerme, guiarme y usarme para Su obra.

A mi madre, Eneida Martínez Del Cid, gracias por tu amor incondicional. A mis hijas, gracias por amarme, por sostenerme y por ser parte de este llamado. A mis hermanos, y en especial a mi hermana Lucy, la persona que más admiro en esta tierra: gracias por tu ejemplo, tu fe y tu fidelidad.

Doy gracias por la vida de mis pastores y mentores, el pastor Lázaro y el pastor José, por sus enseñanzas, ejemplo y respaldo. A mi equipo de Ministerios Unidos Global, gracias por su compromiso y entrega. En especial a Daniel Porras, mi mano derecha y apoyo constante: gracias por tus horas de esfuerzo, por seguir creyendo y por abrazar esta misión que ha alcanzado a millones de personas alrededor del mundo.

A la pastora y profeta Sarah García, gracias por su apoyo sin reservas. Sin su ayuda, nada de esto hubiera sido posible. De corazón: gracias.

Iseuris de Los Santos, gracias por tus desvelos, tu trabajo y tu dedicación a esta obra. También agradezco profundamente a cada hombre y mujer que, en las naciones que he visitado, ha sido una fuente de inspiración para mí. ¡Muchas gracias!

Con gratitud,
Apóstol Rafael Ramírez Martínez

www.ingramcontent.com/pod-product-compliance
Lightning Source LLC
Chambersburg PA
CBHW051946160426
43198CB00013B/2321